KB074764

신주 사마천 사기 33

이 책은 롯데장학재단의 지원을 받아 번역, 출간되었습니다.

신주 사마천 사기 33 / 역생육가열전·부근괴성열전·유경숙손통열전
계포난포열전·원앙조조열전·장석지풍당열전
만석장숙열전

초판 1쇄 인쇄 2023년 10월 15일
초판 1쇄 발행 2023년 11월 10일

지은이 (본문) 사마천
(삼가주석) 배인·사마정·장수절
번역 및 신주 한가람역사문화연구소 사기연구실

펴낸이 이덕일
펴낸곳 한가람역사문화연구소

등록번호 제2019-000147호
주소 서울특별시 종로구 김상옥로17 대호빌딩 신관 305호
전화 02) 711-1379
팩스 02) 704-1390
이메일 hgr4012@naver.com

ISBN 979-11-90777-46-9 94910

값은 뒤표지에 있습니다.

세계 최초
삼가주석
완역

신주 사마천 사기

㉝

역생육가열전 | 부근괴성열전
유경숙손통열전 | 계포난포열전
원앙조조열전 | 장석지풍당열전
만석장숙열전

지은이
본문_ 사마천
삼가주석_ 배인·사마정·장수절

번역 및 신주
한가람역사문화연구소 사기연구실

한가람역사문화연구소

차례

차례

사기 제103권 史記卷一百三
만석장숙열전 萬石張叔列傳

新註史記

원 사료는 중화서국中華書局 발행의 《사기》와 영인본 《백납본사기百衲本史記》를 기본으로 삼고, 인터넷 사료로는 대만 중앙연구원 역사어언연구소歷史語言研究所에서 제공하는 한적전자문헌자료고漢籍電子文獻資料庫의 《사기》를 참조했다.

일러두기

❶ 네모 상자 안의 글은 사기 본문 및 삼가주석 서문의 글이다.

❷ 한글 번역문 바로 아래 한문 원문을 실어 쉽게 대조할 수 있게 했다.

❸ 삼가주석 아래 신주를 실어 우리 연구진의 새로운 해석을 달았다.

❹ 사기 분문뿐만 아니라 삼가주석도 필요할 경우 신주를 달았다.

❺ 직역을 원칙으로 삼고 의역은 최대한 피했다.

❻ 한문 원문에서 ( )는 빠져야 할 글자를, 〔 〕는 추가해야 할 글자를 나타낸다.

예) 살펴보니 15개 읍은 이 두 읍에 가까웠다.

案 十五邑近此(三)〔二〕邑

《사기》〈열전〉의 넓고 깊은 세계에 관하여

1. 시대별 〈열전〉의 세계

《사기》는 〈본기本紀〉, 〈표表〉, 〈서書〉, 〈세가世家〉, 〈열전列傳〉의 다섯 부분으로 구성된 기전체紀傳體 역사서이다. 기전체라는 이름은 다섯 부분 중에 제왕의 사적인 〈본기〉와 신하의 사적인 〈열전〉이 중심이라는 사실을 시사하고 있다. 〈본기〉가 북극성이라면 〈세가〉와 〈열전〉은 북극성을 향하는 뭇별이라는 구성이다. 〈열전〉은 모두 70편으로 구성되어 있지만 한 편의 〈열전〉에 여러 명을 수록하는 경우가 여럿이어서 실제 수록된 인물은 300명이 넘는다. 중국의 24사는 대부분 《사기》를 따라 기전체를 택하고 있지만 《사기》만의 독창적 내용이 적지 않다.

먼저 서술 시기를 보면 《사기》는 한 왕조사가 아니라 오제五帝부터 자신이 살던 한무제漢武帝 시기까지 천하사天下史를 기술했기에 그 시기가 광범위한데, 이는 〈열전〉도 마찬가지다. 그래서 이를 시기별로 나누어 정리할 필요가 있다.

첫째 시기는 춘추春秋시대 이전부터 춘추시대까지 활동했던 여러 인물이다. 〈백이열전伯夷列傳〉부터 〈중니제자열전仲尼弟子列傳〉까지 7편이 그런 경우로서 백이伯夷·숙제叔齊, 관중管仲, 안영晏嬰, 노자老子, 손자孫子, 오자서伍子胥, 공자孔子의 제자들 등이 이에 속한다.

둘째 시기는 전국戰國시대와 진秦 조정에서 활동한 인물들에 대해서 서술했다. 〈상군열전商君列傳〉부터 〈몽염열전蒙恬列傳〉까지 21편이 이런 경우로서 상앙商鞅, 소진蘇秦, 장의張儀, 백기白起, 왕전王翦, 전국 4공자, 여불위呂不韋, 이사李斯, 몽염蒙恬 등이 이에 속한다.

셋째 시기는 초楚와 한漢이 중원의 패권을 다투던 시기에 활동했던 인물들이다. 〈장이진여열전張耳陳餘列傳〉부터 〈전단열전田儋列傳〉까지 6편으로 장이, 진여, 한신韓信, 노관盧綰 등이 이에 속한다.

넷째 시기는 한고조 유방부터 경제景帝 때까지의 인물들을 서술하고 있다. 〈번역등관열전樊酈滕灌列傳〉부터 〈오왕비열전吳王濞列傳〉으로 번쾌樊噲, 육가陸賈, 계포季布, 유비劉濞 등이 이에 속한다.

다섯째 시기는 한무제 때의 인물들이다. 〈위기무안후열전魏其武安侯列傳〉 등으로 두영竇嬰, 이광李廣, 위청衛靑, 곽거병霍去病 등과 사마천 자신에 대해서 서술한 〈태사공자서太史公自序〉도 이 범주에 들 수 있다.

사마천은 한 사람의 인생 전부를 서술하는 개념으로 〈열전〉을 서술하지는 않았다. 그가 관심을 가진 것은 특정 인물이 어떤 사상을 가지고 한 시대를 어떻게 헤쳐 나갔는가, 또는 그 시대에 어떤 영향을 미쳤는가 하는 것이지 인생 전반을 세세하게 서술하는 것은 아니었다. 그러다보니 《사기》〈열전〉을 보면 한 인간의 역경을 통해서 그가 산 시대의 생생한 분위기도 엿볼 수 있다.

2. 〈백이열전〉을 첫머리로 삼은 이유

《사기》〈열전〉이 지금껏 인구에 회자되는 것은 사마천이 당위성만 추구한 것이 아니라 당위성과 실제 현실 사이의 괴리를 포착해 한 인물의 부침을 서술했기 때문이기도 할 것이다. 그가 〈열전〉의 첫머리를 〈백이열전〉으로 삼은 것은 〈세가〉의 첫머리를 〈오태백세가吳泰伯世家〉로 삼아 막내 계력季歷에게 왕위를 물려준 사양辭讓의 정신을 크게 높인 것과 마찬가지로 이利보다는 의義를 추구한 백이·숙제를 높인 것이다.

사마천은 제후가 아닌 공자를 〈공자세가〉로 높여 서술하고 〈중니제자열전〉과 〈유림열전儒林列傳〉도 서술해 유가儒家를 높이기도 하였다. 그러나 사마천은 단순히 유학을 높인 것이 아니라 유학에서 천하는 공公의 것이기에 자기 자식이 아니라 현명한 인물에게 자리를 넘겨주는 선양禪讓의 정신을 높게 산 것이다. 그래서 오제의 황제黃帝부터 요순堯舜까지 행해졌던 선양禪讓의 정신을 크게 높였다.

그러나 〈백이열전〉에서 사마천은 "백이·숙제는 남을 원망하지 않았다."는 공자의 말을 수록하면서도 사마천 자신은 공자의 견해에 동의하지 않고 백이·숙제의 뜻을 비통한 것으로 여겼다. 또한 그가 의문을 가진 것은 "하늘의 도道는 친함이 없고 항상 선한 사람과 함께한다."라고 했는데 선한 사람인 백이·숙제 같은 사람이 왜 굶어죽어야 했느냐는 질문이다. 그럼에도 불구하고 이利를 추구하는 삶보다 의義를 추구하는 삶이 중요하다는 생각에서 〈백이열전〉을 첫머리로 삼은 것이다.

〈백이열전〉뿐만 아니라 초나라를 끝까지 부흥시키려고 했던 〈춘신군열전春申君列傳〉이나 〈자객열전刺客列傳〉 등도 이에 속한다. 〈자객열전〉의 형가荊軻가 남긴 "장사 한 번 떠나면 다시 돌아오시 않으리[壯士 一去兮不復還]"라는 시가가 대일항전기 의열단원들이 목숨을 걸고 국내에 잠입할 때 동지들과 나누던 시가라는 점은 시대와 장소를 넘어 의義의 실천에 목숨을 건 사람들이 깊은 동질감을 느꼈기 때문일 것이다.

3. 주제별 〈열전〉

〈열전〉 중에는 각 부문의 사람들을 주제별로 묶어서 서술한 〈열전〉이 적지 않다. 좋은 벼슬아치를 뜻하는 〈순리열전循史列傳〉은 이후 많은 기전체 역사서가 따라서 서술하고 있다. 후세 벼슬아치들에게 역사의 포상이 가장 중요한 상으로 여기고 좋은 벼슬아치가 되려고 노력하라는 권고의 뜻을 담고 있다. 또한 혹독한 벼슬아치를 뜻하는 〈혹리열전酷吏列傳〉은 반대로 역사의 비판이 가장 무거운 형벌임을 깨닫고 백성들을 가혹하게 대하거나 가렴주구를 하지 말라는 권고를 담고 있다.

사마천은 비록 유학을 높였지만 유자儒者는 칭송을 받는데 유협游俠은 비난을 받는 현실에 대해서도 불만이었다. 그래서 유협들도 수백 년이 지난 후에도 제사를 받든다면서 〈유협열전〉을 서술했다. 〈유협열전〉같은 경우 《사기》, 《한서》와 그 전편이 모두 전하지 않는 《위략魏略》 정도가 이어서 유협에 대해 서술하였고 이후의 역사서에서는 외면받았던 인물들이다.

사마천은 또한 '기업가 열전'이라고 할 〈화식열전貨殖列傳〉을 서술했다는

이유로도 비판받았지만 그가 지금껏 역사가의 전범典範으로 대접받는
밑바탕에는 경제를 무시하지 않았던 역사관이 깔려 있었다. 그러나 〈화식
열전〉은 이후 《사기》와 《한서》에서만 서술하고 있을 정도로 여러 사서는
벼슬아치와 학자만 높였지 사업가는 낮춰 보았던 것이 동양 유학 사회의
현실이었다.

  《사기》에만 실려 있고, 다른 기전체 사서는 외면한 〈열전〉이 〈골계열전
滑稽列傳〉, 〈일자열전日者列傳〉, 〈귀책열전龜策列傳〉이다. 〈골계열전〉은
보통 세속을 따르지 않고, 세상의 이익을 다투지 않는 것을 귀하게 여기는
사람들의 풍자정신에 대해 서술한 것으로 해석된다. 사마천이 보기에는
천문관측에 관한 〈일자열전〉이나 길흉을 점치는 복서卜筮에 대한 〈귀책
열전〉도 나라를 다스리는데 필수적이라는 생각에서 이를 〈열전〉에 서술
했다.

4. 위만조선만 서술한 〈조선열전〉

  사마천이 〈열전〉에서 창안한 형식중 하나가 외국에 대한 〈열전〉이다.
사마천은 〈흉노열전匈奴列傳〉을 필두로 〈남월열전南越列傳〉, 〈동월열전
東越列傳〉, 〈조선열전朝鮮列傳〉, 〈서남이열전西南夷列傳〉 등을 서술했다. 이
것이 공자가 《춘추》에서 높인 존주대의尊周大義와 함께 중국의 전통적인
화이관華夷觀을 만들어 낸 것으로 볼 수 있다.

  그러나 사마천은 동이족이 분명한 삼황三皇을 배제하고 오제五帝부터

서술한 데에서 알 수 있는 것처럼 화하족華夏族의 뿌리를 찾기 어렵다는 현실에 부닥칠 수밖에 없었다. 그래서 때로는 이족夷族의 역사를 무리하게 화하족 역사로 편입시키려 노력했다. 한나라를 크게 괴롭혔던 흉노를 하夏나라의 선조 하후夏后의 후예로 서술하고, 남월, 동월 등도 그 뿌리를 모두 화하족과 연결되게 서술한 것은 이 때문일 것이다.

〈조선열전〉에서는 단군과 기자의 사적은 생략하고 연나라 출신 위만衛滿에 대해서만 서술했다. 사마천은 《사기》의 여러 부분에서 기자箕子에 대해 서술했고, 그가 존경하던 공자가 《논어》에서 기자를 미자微子, 비간比干과 함께 삼인三仁으로 꼽았으므로 그의 사적을 몰랐을 리 없다. 그러니 기자가 주무왕周武王에 의해 석방된 후 '조선朝鮮'으로 갔다는 사실을 몰랐을 리 없고 기자가 간 조선이 '단군조선檀君朝鮮'이라는 사실도 몰랐을 리 없다. 그러나 사마천은 단군과 기자는 생략하고 위만조선만 서술했다. 그럼에도 그가 〈조선열전〉이라도 서술했기에 우리는 위만조선과 한나라의 관계나 위만조선의 왕족과 귀족들이 왜 망국 후 한나라의 제후로 봉함을 받았는지 알 수 있게 되었다.

이제 〈열전〉을 내놓으면서 40권에 이르는 《신주 사마천 사기》의 대단원의 막이 내려진다. 《신주 사마천 사기》는 비단 지금까지 전 세계에서 발간된 가장 방대한 《사기》 번역서 및 주석서일 뿐만 아니라 그간 《사기》에서 놓쳤던 여러 관점과 사실에 대해 알 수 있다. 예를 들면 《사기》 본문 및 그 주석에 숱하게 드러나고 있는 이족夷族의 역사를 되도록 되살렸다는 내용면에서도 새로운 시도라고 자평할 수 있다. 《신주 사마천 사기》 완간을 계기로 사마천이 그렸던 천하사가 더욱 풍부해질 뿐만 아니라 《사기》 속에 숨어 있던 우리 선조들의 이야기가 우리 후손들의 가슴 속에 자리 잡게 된다면 망외의 소득이라고 말할 수 있을 것이다.

사기 제97권 史記 卷九十七

역생육가열전 酈生陸賈列傳

신주 〈역생육가열전〉은 역이기酈食其, 육가陸賈, 주건朱建의 열전이다. 세 사람은 모두 언변이 뛰어난 전국시대의 변사辯士였으며, 종횡가로서의 기풍을 지니고 있었다. 그렇지만 업적과 공헌은 달랐다.

역이기(서기전 268~서기전 204)는 진류군陳留郡 옹구현雍丘縣 고양高陽 사람으로 초한전쟁기의 세객說客이었다. 고양은 지금의 하남성 개봉시 기현杞縣에 해당한다. 통칭은 역생酈生 또는 역선생酈先生이다. 글 읽기를 좋아했는데 가난해서 가업을 갖지 못했다. 뒤에 시골의 문지기가 되지만, 현에서는 모두 미치광이라고 불렀다. 역이기는 유방의 부하로 있던 동향인 기병騎兵에게 부탁하여 나이 60세가 넘어서 발탁되었다. 이후에는 제후들을 설득하는 일로 분주했다. 한신韓信이 제나라 공략에 나섰을 때 역이기는 제나라와 평화교섭에 임했다. 그는 유세로 제나라 70여 개 성을 귀순시키는 데 성공한다. 그러나 역이기에게 공적을 빼앗길까 두려워한 한신과 그의 심복 괴통蒯通이 독단적으로 공격하여 평화를 깨뜨렸다. 이 일로 격분한 제나라 왕 전광田廣이 한漢나라 군의 공격을 멈추게 해주면 살려주겠다고 제안했으나, "큰일을 이루는 자는 작은 일에 연연하지 않는다. 나는 그대 앞에 이미 한 말을 바꾸지 않는다."고 말했다가 팽살烹殺(삶아 죽이는 형벌)을 당하였다. 이후 유방은 한漢나라 왕조를 수립하고 제나라를 귀순시킨 공으로 역이기에게 상을 내렸다. 그의 아들 역개酈疥는 장군으로 군세를 이끌고 싸우면서도 아버지만큼 전공을 세우지 못했지만, 유방은 망부의 공적에 따라 용서하고 고량후高梁侯에 봉했다.

육가(서기전 240~서기전 170)는 초나라 사람이다. 육가의 업적은 세 가지로 묘사되어 있다. 첫째, 한고조(유방)의 사자로 남월왕 위타尉他에게 보냈으나, 위타는 그를 무례하게 대했다. 육가는 위타에게 한나라를 적대하면 남월이 멸망당할 것임을 분명하게 말해 한나라에 순종하도록 만들었다. 둘째, 육가는 한고조에게 "천하를 통일한 뒤에는 말에서 내려와 칼 대신 붓으로 다스려야 한다."고 말했다. 이에 한고조는 육가에게 진秦나라가 어떻게 천하를 잃었고 유방이 천하를 얻었는지, 옛 국가의 존망하는 징후에 대해 말해보라고 했다. 그래서 육가가 국가 존망의 징후에 대해 12편을 지어 한고조에게 바쳤는데 그 12편을 묶어서 《신어新語》라고 하였다. 셋째, 여후 때에 남월왕 위타가 황제를 칭하자 한문제가 육가를 사자로 보내 조타에게 사죄의 글을 올리게 하고 제후들과 비등하게 하였다.

평원군平原君 주건은 초나라 사람으로 회남왕 경포黥布를 섬겼다. 경포가 반기를 들었을 때 모반에 참여하지 않았다고 해서 한나라 조정이 그를 평원군으로 삼았다. 이후 벽양후辟陽侯 심이기審食其의 일로 인해 자진하게 되었다.

《태사공자서》에는 "좋은 말솜씨로 교분을 맺어 서로 사자를 왕래하게 하고, 제후를 자기편으로 잘 끌어들였다. 제후들은 모두 친하게 지내고 한漢나라로 귀순하여 왕실의 중심이 되었다."라고 한다. 역이기와 육가陸賈는 각각 제나라와 남월에 사자로 나가 언변을 구사하여 상대를 설복시키고 이 두 나라를 한나라에 종속시켰다. 《고증考證》에 인용된 진인석陳仁錫의 주석에서 이 두 사람 모두 말재주가 뛰어난 인재였기 때문에 각 열전을 합쳐서 하나로 정리하였다고 한다. 뒤에 주건의 열전이 덧붙여져 있는 것도 그의 말재주에 의한 것이다.

죽음 앞에 당당한 역이기

역생酈生 이기食其①는 진류陳留 고양高陽② 사람이다. 글 읽는 것
을 좋아했으나 집안이 가난하고 신세가 처량하여③ 의복과 음식
을 해결할 수 없어 동네 문지기④가 되었다. 그러나 현縣 안의 현
인과 호걸들은 감히 그를 부리지 않았고 현 안에서 모두 미치광
이라고 불렀다.

酈生食其①者 陳留高陽②人也 好讀書 家貧落魄③ 無以爲衣食業 爲里
監門吏④ 然縣中賢豪不敢役 縣中皆謂之狂生

① 酈生食其역생이기

[정의] 酈食其의 발음은 '역이기歷異幾'이다.

歷異幾三音也

② 陳留高陽진류고양

[집해] 서광이 말했다. "지금 어현에 있다."

徐廣曰今在圉縣

[색은] 살펴보니 고양은 진류군 어현에 속한다. 고양은 향鄕 이름이다.

옛 《진류기구전陳留耆舊傳》에는 역이기를 고양향 사람이라고 했다.

案 高陽屬陳留圉縣 高陽鄉名也 故耆舊傳云食其高陽鄉人

정의 《진류풍속전陳留風俗傳》에서 말한다. "고양은 옹병(옹구) 서남쪽에 있다." 《괄지지》에서 말한다. "어성은 변주 옹구현 서남쪽에 있다. 역이 기의 묘는 옹구 서남쪽 28리에 있다." 대개 이곳을 이른다.

陳留風俗傳云 高陽在雍兵西南 括地志云 圉城在汴州雍丘縣西南 食其墓在雍丘西南二十八里 蓋謂此也

신주 위에 정의 주석에는 '옹병雍兵'이라 되어 있지만, 옹구雍丘를 착오했을 것이다. 또 역이기는 진류군 어현 고양향 출신인데, 이는 사마천을 비롯해 주석의 저자들이 한나라 지리에 의거해 설명한 것이다. 진나라 때 진류군은 없었는데 아마 옛 위魏나라 땅이므로 동군東郡에 속했을 것이다.

③ 落魄낙백

집해 응소가 말했다. "낙백은 뜻과 행동이 시들고 나빠진 모습이다." 진작이 말했다. "낙약落薄(실의에 빠져 박약해진 것) 또는 낙탁落託(실의에 빠져 의지하는 것)과 뜻이 같다."

應劭曰落魄 志行衰惡之貌也 晉灼曰落薄落託義同也.

색은 살펴보니 정씨가 말했다. "魄의 발음은 '박薄'이다." 응소가 말했다. "뜻과 행동이 시들고 나빠진 모습이다."

案 鄭氏云魄音薄 應劭云志行衰惡之貌也

④ 里監門吏이감문리

정의 監의 발음은 '감[甲衫反]'이다. 《전국책》에서 말한다. "제나라 선왕宣王이 안촉에게 이르기를 '무릇 동네 문을 감독하는 사람은 사인士人 가운데 천한 자이다.'라고 했다."

監音甲衫反 戰國策云齊宣謂顔斶曰夫監門閭里 士之賤也

신주 리里는 최소 행정단위로 우리말로 번역하면 '향리, 마을, 취락' 등 이라 할 수 있으나, '동네'라는 단어가 제일 적절하다.

진승陳勝과 항량項梁 등이 군사를 일으키자 여러 장수가 땅을 공 략했는데[1] 고양을 지나가는 자가 수십여 명이었다. 역생은 그들 장수들의 소문을 들었는데 그들은 모두 악착스럽고[2] 번거로운 예절을 좋아하며[3] 스스로를 내세우고 큰 계책의 말을 들어주지 않는다고 하므로, 역생은 깊이 스스로 감추었다.

뒤에 패공이 군사를 거느리고 진류 교외에서 땅을 공략한다는 소 문을 들었다. 패공의 휘하에 있는 기사騎士는 마침 역생의 동네 사람이었는데[4] 패공이 때때로 고을 안에 현인과 호걸에 대하여 물었다.

及陳勝項梁等起 諸將徇[1]地過高陽者數十人 酈生聞其將皆握齱[2]好 苟[3]禮自用 不能聽大度之言 酈生乃深自藏匿 後聞沛公將兵略地陳留 郊 沛公麾下騎士適酈生里中子也[4] 沛公時時問邑中賢士豪俊

---

① 徇순

정의 순徇은 빼앗는다는 뜻이다.

徇略也

② 握齱_{악착}

[집해] 응소가 말했다. "악착은 급하고 촉박한 모습이다."

應劭曰握齱 急促之貌

[색은] 응소가 말했다. "齱의 발음은 '착促'과 같다." 추탄생은 '착[麁角反]'으로 발음한다고 했다. 위소는 악착握齱은 작은 절구라고 했다.

應劭曰齱音若促 鄒氏音麁角反 韋昭云握齱小節也

③ 苛_가

[색은] 살펴보니 가苛는 또한 '하荷'로 되어 있는데, 가규는 가苛는 번거롭다는 뜻이라고 했다. 안사고는 가苛는 자세한 것이라고 했다.

案 苛亦作荷 賈逵云苛煩也 小顏云苛細也

④ 里中子也_{이중자야}

[집해] 복건이 말했다. "역이기의 동네 사람이 마침 패공의 기사였다."

服虔曰食其里中子適作沛公騎士

[색은] 역이기의 동네 사람이다. 適의 발음은 '석釋'이다. 복건과 소림이 모두 말했다. "패공의 기사가 마침 역이기 동네 사람이다." 살펴보니 적適은 기사가 되어 (패공과) 가까웠음을 말한 것이다."

適食其里中子 適音釋 服虔蘇林皆云沛公騎士適是食其里中人也 案言適近作騎士

기사가 돌아왔을 때 역생은 그를 만나보고 일러 말했다.

"내가 듣자니 패공은 거만하고 남을 가벼이 여긴다고 하나 큰 계략이 많은 것 같으니, 이 사람은 참으로 내가 따라 어울리기를 원하는 바인데 내가 먼저 하지는 못하네.① 만약 패공을 뵙거든 일러 말하기를 '신의 동네 안에 역생이라는 사람이 있는데, 나이는 60여 세이고 키는 8척이며 사람들이 모두 미치광이라고 하지만 역생 스스로 자신은 미치광이가 아니라고 합니다.'라고 해주게나."

기사가 말했다.

"패공께서는 유생을 좋아하지 않아서 관을 쓴 객과 관을 쓴 유생이 오면, 패공은 번번이 그들이 벗어 놓은 관에 소변을 봅니다.② 남들과 대화를 할 때도 항상 크게 욕합니다. 유생이라는 신분으로 설득해서는 안 될 것입니다."

역생이 말했다.

"아우는 그렇게만 말해주게."

기사는 한가한 때에 역생이 타이른 것처럼 패공에게 말했다.

騎士歸 酈生見謂之曰 吾聞沛公慢而易人 多大略 此眞吾所願從游 莫爲我先① 若見沛公 謂曰 臣里中有酈生 年六十餘 長八尺 人皆謂之狂生 生自謂我非狂生 騎士曰 沛公不好儒 諸客冠儒冠來者 沛公輒解其冠 溲溺②其中 與人言 常大罵 未可以儒生說也 酈生曰 弟言之 騎士從容言如酈生所誡者

① 莫爲我先막위아선

살펴보니 선先은 먼저 소개하는 것을 이르니, 누군가 나를 위해 소개할 사람이 없다는 말이다.

案 先謂先容 言無人爲我作紹介也

정의 爲의 발음은 '위[于僞反]'이다.

爲于僞反

② 溲溺수뇨

색은 앞 글자 溲의 발음은 '슈[所由反]'이다. 뒷 글자 溺의 발음은 '뇨[乃弔反]'이며, 또한 통상 발음대로 한다. 수溲는 곧 오줌이다.

上所由反 下乃弔反亦如字 溲卽溺也

패공은 고양의 역참 관사에 이르러① 사람을 시켜서 역생을 부르게 했다. 역생이 이르러 들어와 배알하는데, 패공은 바야흐로 침상에 걸터앉아② 양쪽에서 여자들에게 (자신의) 발을 씻기게 하면서 역생을 만나보았다. 역생은 들어가 길게 읍을 하고 절을 하지 않으며 말했다.

"족하께서는 진秦나라를 도와 제후들을 공격하고자 하십니까? 아니면 제후들을 인솔하여 진나라를 쳐부수려고 하십니까?"

패공이 욕하며 말했다.

"어리석은 유생 녀석아!③ 대저 천하가 함께 진나라에 고통 받은 지가 오래되었다. 그러므로 제후들이 서로 인솔해 진나라를 공격하는데 어째서 진나라를 도와 제후들을 공격한다고 하는가?"

역생이 말했다.

"반드시 무리들을 모으고 의로운 군사를 합해 무도한 진나라를 처단하려면 장자長者를 보고 거만하게 구는 것은 마땅하지 않을 것입니다."

이에 패공이 발을 씻기던 것을 중지시키고 일어나 옷깃을 여미고④ 역생을 윗자리에 모시고 사과했다. 역생이 이로 인해 육국이 합종하고 연횡하던 때의 계책을 말했다. 패공이 기뻐하고 역생에게 음식을 내리게 하고 질문했다.

"계책을 장차 어떻게 내야 합니까?"

沛公至高陽傳舍① 使人召酈生 酈生至 入謁 沛公方倨牀②使兩女子洗足 而見酈生 酈生入 則長揖不拜 曰 足下欲助秦攻諸侯乎 且欲率諸侯破秦也 沛公罵曰 豎儒③ 夫天下同苦秦久矣 故諸侯相率而攻秦 何謂助秦攻諸侯乎 酈生曰 必聚徒合義兵誅無道秦 不宜倨見長者 於是沛公輟洗 起攝衣④ 延酈生上坐 謝之 酈生因言六國從橫時 沛公喜 賜酈生食 問曰 計將安出

① 沛公至高陽傳舍패공지고양전사

집해 서광이 말했다. "이세 3년 2월이다."

徐廣曰二世三年二月

② 倨牀거상

색은 살펴보니 악산이 말했다. "침상의 모서리를 '거倨'라고 한다."

案 樂産云邊牀曰倨

③ 豎儒수유

[색은] 살펴보니 수豎는 어린 종놈을 지칭한 것이다. 패공이 (역생을) 가볍게 여기고 종놈에게 비유한 것이다. 그래서 수유豎儒라고 했다.

案 豎者僮僕之稱 沛公輕之 以比奴豎 故曰豎儒也

④ 攝衣섭의

[정의] 섭攝은 옷을 추스르고 입는다는 말과 같다.

攝猶言斂著也

역생이 말했다.

"족하께서 오합지졸 무리를 기용하고① 산재해 있는 병사들을 수습해도 1만여 명에 불과할 것인데, 곧바로 강한 진나라로 쳐들어가고자 하시면, 이것은 이른바 호랑이 입을 찾아가는 것이라고 합니다. 대저 진류는 천하의 요충지로 사방으로 통하고 오방五方으로 도달하는② 지역인데 지금 그 성안에는 또한 많은 곡식이 쌓여 있습니다. 신이 그곳의 현령과 친한데③ 청컨대 사신이 된다면 현령이 족하에게 항복하도록 할 것입니다.④ 만약 청을 들어주지 않을 경우 족하께서 군사를 일으켜 (현령을) 공격한다면 신은 그 안에서 응하겠습니다."

이에 역생을 보내서 길을 나서게 하고, 패공은 군사를 이끌고 따라 마침내 진류를 함락시켰다. 역이기를 호칭하여 광야군廣野君이라 했다. 역생은 그 동생 역상酈商에게 말하여 수천 명을 거느리고 패공을 따라 서남쪽에서 땅을 공략하도록 했다. 역생은 항상 유세객이 되어 제후에게 사신으로 달려갔다.

酈生曰 足下起糾合^①之衆 收散亂之兵 不滿萬人 欲以徑入強秦 此所謂探虎口者也 夫陳留 天下之衝 四通五達^②之郊也 今其城又多積粟 臣善其令^③ 請得使之 令下足下^④ 卽不聽 足下擧兵攻之 臣爲內應 於是遣酈生行 沛公引兵隨之 遂下陳留 號酈食其爲廣野君 酈生言其弟酈商 使將數千人從沛公西南略地 酈生常爲說客 馳使諸侯

① 糾合규합

집해 다른 판본에는 '오합烏合'으로 되어 있고, 또 다른 판본에는 '와합瓦合'으로 되어 있다.

一作烏合 一作瓦合

② 四通五達사통오달

집해 여순이 말했다. "사면과 중앙이니 총 오달이다." 신찬이 말했다. "사통오달은 험하게 막힌 곳이 없다는 말이다."

如淳曰四面中央 凡五達也 瓚曰四通五達 言無險阻也

③ 善其令선기령

정의 역이기는 진류의 현령과 서로 친하다는 말이다.

言食其與陳留縣令相善也

④ 令下足下영하족하

정의 令의 발음은 '령[力征反]'이다. 하下는 항복시키는 것을 이른다.

令力征反 下謂降之也

한나라 3년 가을, 항우項羽가 한나라를 공격해 형양滎陽을 함락시
키자 한나라 군사들이 달아나 공鞏과 낙洛을 지켰다. 초나라 사
람들은 회음후淮陰侯[1]가 조나라를 처부수고 팽월彭越이 자주[2]
양梁 땅에서 반기를 든다는 소문을 듣고 군사를 나누어서 구원하
게 했다.

회음후가 한창 동쪽으로 제나라를 공격할 적에 한왕漢王은 자주
형양과 성고成皐에서 곤욕을 당하여, 성고의 동쪽을 버리고 공鞏
과 낙洛에 주둔해 초나라를 막으려는 계획을 세웠다.

漢三年秋 項羽擊漢 拔滎陽 漢兵遁保鞏洛 楚人聞淮陰侯[1]破趙 彭越
數[2]反梁地 則分兵救之 淮陰方東擊齊 漢王數困滎陽成皐 計欲捐成皐
以東 屯鞏洛以拒楚

① 淮陰侯회음후

신주 한신의 최종 작위를 앞당겨 썼을 뿐이다.

② 數삭

색은 數의 발음은 '삭朔'이다.

數音朔

역생이 이를 계기로 말했다.

"신이 듣건대, 하늘의 하늘(천명)을 아는 사람은 왕업을 이룰 수 있지만 하늘의 하늘을 알지 못하는 사람은 왕업을 이룰 수 없다고 했습니다. 왕이 된 자는 백성을 하늘로 삼고[1] 백성은 먹는 것을 하늘로 삼는다고 했습니다. 대저 오창敖倉은 천하에서 곡식을 운반해놓은 지가 오래입니다.

신이 듣건대, 그 아래에는 저장된 곡식이 매우 많다고 했습니다. 초나라 사람들이 형양을 함락시켰지만 오창을 굳게 지키지 않고 이에 군사를 이끌고 동쪽으로 갔으며, 죄를 짓고 벌을 받는 군졸을 나누어[2] 성고를 수비한다고 하니 이는 하늘이 한나라를 돕는 것입니다. 바야흐로 지금이 초나라를 쉽게 빼앗을 기회인데 한나라가 도리어 퇴각해 스스로 그 좋은 기회를 잃는다면[3] 신은 잘못되었다고 생각합니다.

또 두 영웅은 함께 서지 못합니다. 초나라와 한나라가 서로 오래도록 버티어 승패를 가리지 않으면 백성은 동요하고 온 천하는 요동쳐 농부들은 쟁기를 버리고 베 짜는 여자들은[4] 베틀에서 내려올 것이니 천하 사람들의 마음이 있을 곳을 정하지 못할 것입니다.

酈生因曰 臣聞知天之天者 王事可成 不知天之天者 王事不可成 王者以民人爲天[1] 而民人以食爲天 夫敖倉 天下轉輸久矣 臣聞其下廼有藏粟甚多 楚人拔滎陽 不堅守敖倉 廼引而東 令適卒[2]分守成皋 此乃天所以資漢也 方今楚易取而漢反卻 自奪其便[3] 臣竊以爲過矣 且兩雄不俱立 楚漢久相持不決 百姓騷動 海內搖蕩 農夫釋耒 工女[4]下機 天下之心未有所定也

① 王者以民人爲天왕자이민인위천

[색은] 왕이 된 자는 백성을 하늘로 삼는다. 살펴보니 이 말은 《관자》에서 나왔다.

王者以人爲天 案 此語出管子

② 適卒적졸

[색은] 앞 글자 適의 발음은 '적[直革反]'이다. 살펴보니 《통속문》에서 말한다. "죄를 지어 벌을 받는 것을 적적이라고 하니 곧 이른바 벌을 받아 수자리를 서는 것이다." 또한 適의 발음은 '척[陟革反]'이다. 卒의 발음은 '졸[租忽反]'이다.

上音直革反 案 通俗文云罰罪云適 卽所謂適戍 又音陟革反 卒 租忽反

③ 漢反却 自奪其便한반각 자탈기편

[색은] 한나라에서 도리어 퇴각해서 스스로 편리한 것을 빼앗기는 것이다. 오창을 빼앗지 않는 것은 곧 한나라가 퇴각해서 스스로 그 편리한 것을 빼앗긴다는 말이다.

漢反却 自奪便 以言不取敖倉 是漢卻 自奪其便利

④ 工女공녀

[색은] 여공의 기술이 교묘한 것을 이른다. 《한서》에는 '홍紅'으로 되어 있고, 紅의 발음은 '공工'이다.

謂女工工巧也 漢書作紅 音工

원컨대 족하께서는 신속하게 다시 군사를 진격시켜 형양을 수습해 빼앗고, 오창^①의 곡식을 점거하여, 성고의 험한 곳을 요새로 삼고^② 태항大行^③의 길을 차단하고 비호蜚狐의 입구를 막고^④ 백마진白馬津을 수비해 제후들에게 세력(초나라 군대)을 제압한 실상과 형세를 드러내 보인다면 천하는 돌아갈 바를 알게 될 것입니다. 바야흐로 지금 연나라와 조나라가 이미 평정되었는데 오직 제나라만 함락되지 않았습니다. 지금 전광田廣은 1,000리의 제나라에 의지하고 전간田間은 20만 명의 군사를 거느리고 역성歷城에 주둔하고 있습니다.^⑤ 전씨의 종족들은 강성하고 바다를 등지고 하수와 제수로 막혀 있으며, 남쪽으로 초나라와 가깝고 사람들은 변화와 속임수가 많아 족하께서 비록 수십만 군사를 보내더라도 오랜 시간 동안 쳐부수지 못할 것입니다. 신이 청컨대 확실하게 조서를 받들어 제나라 왕을 설득해 한나라의 동쪽 울타리(신하)로 칭하도록 하겠습니다."

주상이 말했다.

"좋소."

願足下急復進兵 收取滎陽 據敖倉^①之粟 塞成皐之險^② 杜大行^③之道 距蜚狐之口^④ 守白馬之津 以示諸侯效實形制之勢 則天下知所歸矣 方今燕趙已定 唯齊未下 今田廣據千里之齊 田間將二十萬之衆 軍於歷城^⑤ 諸田宗彊 負海阻河濟 南近楚 人多變詐 足下雖遣數十萬師 未可以歲月破也 臣請得奉明詔說齊王 使爲漢而稱東藩 上曰 善

① 敖倉오창

[정의] 오창은 지금 정주 형양현 서쪽 15리 석문 동쪽에 있으며, 북쪽은 변수에 닿아 있고 남쪽은 삼황산이 둘러싸고 있다. 진시황 때에 창고를 오산 위에 설치했다. 그래서 이름을 오창이라고 했다.

敖倉在今鄭州滎陽縣西十有五里 石門之東 北臨汴水 南帶三皇山 秦始皇時置 倉於敖山上 故名之曰敖倉也

② 塞成皐之險새성고지험
[정의] 곧 범수현의 산이다.
卽氾水縣山也

③ 大行태항
[집해] 위소가 말했다. "태항은 하내군 야왕현 북쪽에 있다."
韋昭曰 在河內野王北也

④ 距蜚狐之口거비호지구
[집해] 여순이 말했다. "상당군 호관壺關이다." 살펴보니 "비호는 대군 서남쪽에 있다."
如淳曰 上黨壺關也 駰案 蜚狐在代郡西南
[정의] 살펴보니 울주 비호현 북쪽 150리에 진한秦漢의 옛 군성이 있다. 서남쪽에는 산이 있는데 세속에서 비호구라고 불렀다.
案蔚州飛狐縣北百五十里有秦漢故郡城 西南有山 俗號爲飛狐口也

⑤ 田間將二十萬之衆 軍於歷城전간장이십만지중 군어역성
[신주] 《사기지의》에서 말한다. "전간은 이미 한나라 2년 8월에 조나라로

달아나서 이때 바야흐로 제나라가 그를 죽이려고 했는데, 어찌 전광의 장수가 되어 역성에 주둔했겠는가? 〈전담열전田儋列傳〉과 〈부관열전傅寬列傳〉에 의거하면, 곧 전해田解이다."

이에 한왕은 역이기의 계책을 따라 다시 오창을 지켰다. 그리고 역생을 사신으로 보내 제나라 왕을 설득하게 했다. 역생이 말했다.

"왕께서는 천하가 돌아갈 곳을 알고 계십니까?"

제왕이 말했다.

"알지 못하겠소."

역생이 말했다.

"왕께서 천하가 돌아갈 곳을 알게 된다면 제나라를 얻어 독차지할 수 있을 것입니다. 만약 천하가 돌아갈 곳을 알지 못한다면 곧 제나라를 얻어 보존시키지 못할 것입니다."

제왕이 말했다.

"천하는 어디로 돌아갈 것 같소?"

역생이 말했다.

"한나라로 돌아갈 것입니다."

제나라 왕이 물었다.

"선생께서는 어째서 그렇게 말하는 것이오?"

역생이 말했다.

"한왕과 항왕項王은 서로 힘을 합해 서쪽의 진나라를 쳤는데 먼저 함양咸陽에 들어간 자가 왕이 되기로 약속했습니다. 한왕이 먼저 함양으로 들어갔는데 항왕은 약속을 저버리고 함양을 주지 않았고 한왕은 한중漢中으로 갔습니다.

항왕이 (초나라의) 도읍을 옮기는 도중에 의제義帝(초회왕)를 죽이자, 한왕이 이를 듣고 촉蜀과 한漢의 군사를 일으켜 삼진三秦을 쳤으며, 함곡관을 나와 의제를 처단한 것을 꾸짖고 천하의 군사들을 수습하여 제후들의 후예를 세웠습니다.

성을 항복시키면 곧 그 장군에게 후작에 봉하고, 재물을 얻으면 곧 그 군사에게 나누어주어 천하와 더불어 그 이익을 함께하니, 영웅호걸과 어진 인재들이 모두 등용되기를 즐깁니다. 제후의 군사들은 사방에서 이르고 촉蜀과 한漢 땅의 곡식은 배에 나란히 실려 내려옵니다.[①]

迺從其畫 復守敖倉 而使酈生說齊王 曰 王知天下之所歸乎 王曰 不知也 曰 王知天下之所歸 則齊國可得而有也 若不知天下之所歸 卽齊國未可得保也 齊王曰 天下何所歸 曰 歸漢 曰 先生何以言之 曰 漢王與項王勠力西面擊秦 約先入咸陽者王之 漢王先入咸陽 項王負約不與而王之漢中 項王遷殺義帝 漢王聞之 起蜀漢之兵擊三秦 出關而責義帝之處 收天下之兵 立諸侯之後 降城卽以侯其將 得賂卽以分其士 與天下同其利 豪英賢才皆樂爲之用 諸侯之兵四面而至 蜀漢之粟方船而下[①]

① 方船而下방선이하

[색은] 살펴보니 방선方船은 배를 나란히 함을 이르는 것이다. 《전국책》에서 말한다. "방선에 곡식을 싣고 강을 따라 내려오다."

案 方船謂竝舟也 戰國策方船積粟 循江而下也

항왕은 약속을 저버린 오명과 의제를 죽인 죄가 있습니다. 남의 공로는 기억하는 바가 없어도 남의 죄는 잊는 바가 없습니다. 싸워 승리해도 그 상을 받지 못하고 성을 함락시켜도 그가 봉하는 것을 얻지 못합니다. 항씨가 아니면 권력을 잡을 수 없습니다. 남을 위해 인장을 새기고도 어루만지기만 할뿐[①] 주지 않습니다. 성을 공격해 재물을 얻어도 쌓아 두고는 상으로 주지 않습니다. 천하가 배반하고 어진 인재들은 원망하고 등용하려고 하지 않습니다. 그러므로 천하의 사인들이 한왕에게 돌아갔으니 앉아서도 꾀할 수 있습니다.

대저 한왕은 촉蜀과 한漢에서 군사를 일으켜 삼진三秦을 평정하고, 서하 밖에서 건너 상당의 군사를 끌어당기고[②] 정형井陘을 함락시켰으며 성안군成安君(진여陳餘)을 처단했습니다. 북위北魏[③]를 쳐부수고 32개 성을 빼앗았습니다. 이는 치우蚩尤의 군사와 같으니 사람의 힘이 아니라 하늘의 복인 것입니다.

지금 이미 곡식이 풍부한 오창을 점거하고 성고의 험한 곳을 요새로 삼고 백마白馬 나루를 지키며, 태항의 언덕을 막고 비호蜚狐의 입구를 막고 있으니 천하에서 나중에 복종하려는 자는 먼저 망할 것입니다. (제나라) 왕께서 신속하게 먼저 한왕에게 항복하면 제나라 사직을 보존할 수 있을 것입니다. 한왕에게 항복하지 않는다면 위망을 서서 기다리는 것입니다."

項王有倍約之名 殺義帝之負 於人之功無所記 於人之罪無所忘 戰勝而不得其賞 拔城而不得其封 非項氏莫得用事 爲人刻印 刓[①]而不能授 攻城得賂 積而不能賞 天下畔之 賢才怨之 而莫爲之用 故天下之士歸

於漢王 可坐而策也 夫漢王發蜀漢 定三秦 涉西河之外 援^②上黨之兵 下井陘 誅成安君 破北魏^③ 舉三十二城 此蚩尤之兵也 非人之力也 天之福也 今已據敖倉之粟 塞成皋之險 守白馬之津 杜大行之阪 距蜚狐之口 天下後服者先亡矣 工疾先下漢王 齊國社稷可得而保也 不下漢王 危亡可立而待也

① 刓완

집해 맹강이 말했다. "닳아 끊어져서 다시 날카로운 것이 없다." 신찬이 말했다. "항우는 작위와 포상에 인색하여 후작의 인장을 아까워해 어루만지면서 그 사람을 봉하지 않았다."

孟康曰 刓斷無復廉鍔也 瓚曰 項羽吝於爵賞 玩惜侯印 不能以封其人也

색은 刓의 발음은 '완[五官反]'이다. 살펴보니 곽상은 《장자》에 주석에서 주무르느라 둥글어져 규홀의 모서리가 없어진 것이라 했다. 《한서》에는 완玩으로 되어 있는데, 가지고 놀며 아껴서 차마 남에게 주지 못한다는 말이다.

刓音五官反 案 郭象注莊子云 抏團無圭角 漢書作玩 言玩惜不忍授人也

② 援원

정의 援의 발음은 '원爰'이다.

援音爰

③ 北魏북위

색은 위표魏豹를 이른다. 위표가 하수 북쪽에 있었기 때문이다. 또한

'서위西魏'라고 이른 것은 대량이 하수 남쪽에 있었기 때문이다.

謂魏豹也 豹在河北故也 亦謂西魏 以大梁在河南故也

전광田廣(제나라 왕)은 그럴 듯하다고 여기고 이에 역생의 말을 듣고 역하歷下의 군사가 싸움에 대비해 수비하는 것을 중지하게 하고 역생과 함께 매일 술잔치를 벌였다.

회음후 한신은 역생이 수레에 기대어 제나라 70여 개의 성을 항복시켰다는 소식을 듣고, 밤에 군사들에게 평원平原을 건너게 해 제나라를 습격했다. 제왕 전광은 한나라 군사가 이르렀다는 소식을 듣고 역생이 자신을 속인 것으로 여겨서 이에 말했다.

"네가 한나라 군사를 멈추게 할 수 있다면 나는 너를 살려주겠다. 그렇지 못하면 나는 장차 너를 삶아 죽이리라."

역생이 말했다.

"큰일을 할 때는 자잘한 것을 삼가지 않고 큰 덕을 지닌 사람은 꾸짖는 것을 사양하지 않습니다. 그러나 저는① 다시 말을 바꾸지는 않을 것입니다."

제왕은 마침내 역생을 삶아 죽이고 군사를 인솔해 동쪽으로 달아났다.

田廣以爲然 迺聽酈生 罷歷下兵守戰備 與酈生日縱酒 淮陰侯聞酈生
伏軾下齊七十餘城 迺夜度兵平原襲齊 齊王田廣聞漢兵至 以爲酈生賣
己 迺曰 汝能止漢軍 我活汝 不然 我將亨汝 酈生曰 擧大事不細謹 盛德
不辭讓 而公①不爲若更言 齊王遂亨酈生 引兵東走

① 공公

원문에서 '公'은 자신을 가리키는 대명사이다.

한나라 12년, 곡주후曲周侯 역상酈商(역이기 동생)은 승상 신분으로 군사를 거느리고 경포를 쳐서 공로가 있었다. 고조가 열후와 공신들을 봉할 때 역이기를 생각했다. 역이기의 아들 개疥①는 자주 군사를 거느렸으나 공로가 후작에 해당하지 못했다. 주상은 그의 아버지의 연고로 역개를 봉해서 고량후高梁侯로 삼았다.

뒤에 무수武遂로 식읍을 바꾸어 주고 3대까지 이어졌다. 무제 원수元狩 원년에 무수후 평平②이 거짓으로 조서를 꾸며 형산왕衡山王에게 황금 100근을 빼앗은 일이 기시죄에 해당했는데, 병으로 죽었고 봉국은 없어졌다.

漢十二年 曲周侯酈商以丞相將兵擊黥布有功 高祖舉列侯功臣 思酈食其 酈食其子疥①數將兵 功未當侯 上以其父故 封疥爲高梁侯 後更食武遂 嗣三世 元狩元年中 武遂侯平②坐詐詔衡山王取百斤金 當棄市 病死 國除也

---

① 개疥

疥의 발음은 '계界'이다. 뒤에 바꾸어 무수에 봉해지고 3대까지 이어졌다. 〈지리지〉에는 무수는 하간군에 속한다. 살펴보니 《한서》에는 '무양자수武陽子遂'로 되어 있는데 덧붙여진 문장이다.

疥音界 後更封武遂三世 地理志武遂屬河間 案 漢書作武陽子遂 衍文也

역개를 고량후로 봉하고 뒤에 바꾸어 무수武遂를 식읍으로 주었다고 하는데,《사기지의》주석에 하간군 무수현이 아니라 한韓나라 땅이라고 한다.

② 武遂侯平무수후평

〈고조공신후자연표〉에는, 역개가 죽고 아들 발勃이 이었다. 역발이 죽고 아들 평平이 이었으며, 원년에 죄를 지어 봉국이 없어졌다고 한다. 그러나《한서》에서 무양으로 식읍을 바꾸어 주고 아들 수遂가 이었다고 했는데, 아마《한서》가 잘못되었을 것이다.

年表云卒 子敎嗣 卒 子平嗣 元年有罪國除 而漢書云更食武陽 子遂嗣 恐漢書誤也

〈역생열전〉에서 3대가 이어졌다고 하는데, 〈고조공신후자연표〉에는 '역개→역발' 2대만 있다. 아마 '역개→역발→역평'인 것으로 보이며, 〈고조공신후자연표〉에서 역평을 빠뜨리고 마지막 제후를 착오하여 역발이라한 것으로 보인다. 역개의 재위가 63년으로 지나치게 긴 점을 감안하면, 중간에 한 명이 빠졌음이 틀림없다. 따라서 '역개→역발→역평'의 순서가 맞을 것이다.

남월을 포섭한 육가

육가陸賈는 초나라 사람이다.[①] 객客으로 고조를 따라 천하를 평
정하였는데 말 잘하는 변사라는 명성이 있어서 고조를 좌우에서
모시면서 항상 제후에게 사신으로 갔다.

고조 때 중국이 처음으로 평정되었는데 위타尉他[②]는 남월을 평정
하고 왕이라고 했다. 고조는 육가로 하여금 위타에게 인수를 내려
서 남월 왕으로 삼게 했다. 육생이 (위타에게) 이르렀는데 위타는 북상
투를 틀고[③] 두 다리를 뻗고 거만하게 앉아서 육생을 만나보았다.

陸賈者 楚人也[①] 以客從高祖定天下 名爲有口辯士 居左右 常使諸侯
及高祖時 中國初定 尉他[②]平南越 因王之 高祖使陸賈賜尉他印爲南越
王 陸生至 尉他魋結[③]箕倨見陸生

① 陸賈者 楚人也육가자 초인야

[색은] 살펴보니《진류풍속전》에서 말한다. "육씨는 춘추시대 육혼국陸
渾國의 후손이다. 진후晉侯가 (육혼국을) 정벌했기 때문에 육혼자는 초나라
로 달아났으니, 육가는 그의 후예이다." 또《육씨보》에서 말한다. "제나
라 선공宣公의 지자 달達이 육陸을 식읍으로 했다. 달은 발發을 낳았고,
발은 고皐를 낳았는데 초나라로 갔다. 육가는 그의 후손이다."

案 陳留風俗傳云 陸氏 春秋時陸渾國之後 晉侯伐之 故陸渾子奔楚 賈其後 又
陸氏譜云 齊宣公支子達食菜於陸 達生發 發生皐 適楚 賈其孫也

② 尉他위타

[색은] 조타趙他는 남월의 위尉(무관의 관직)였기에 위타尉他라고 했다. 他의
발음은 '타馳'이다.

趙他爲南越尉 故曰尉他 他音馳

③ 魋結추결

[집해] 복건이 말했다. "魋의 발음은 '추椎'이다. 지금 병사들이 머리를
틀어 묶은 것이다."

服虔曰 魋音椎 今兵士椎頭結

[색은] 魋의 발음은 '주[直追反]'이고, 結의 발음은 '계計'이다. 상투를 틀어
하나로 뭉치처럼 모아 묶은 것을 이른다. 그래서 글자는 결結을 따른다.
또 살펴보니 추결魋結이라는 두 글자는 글자의 뜻 그대로 읽어도 통한다.
외지인들은 머리를 풀고 옷섶을 왼쪽으로 여미는데, 지금 위타는 그들의
풍속과 같이하고 있지만 머리칼만큼은 상투를 틀어 묶었다.

魋 直追反 結音計 謂爲髻一撮似椎而結之 故字從結 且案其魋結二字 依字讀
之亦得 謂夷人本被髮左袵 今他同其風俗 但魋其髮而結之

> 육생은 이에 나아가 위타를 설득해 말했다.
> "족하는 중국 사람으로 친척과 형제의 묘지가 진정眞定[1]에 있습

니다. 지금 족하께서는 천성天性에 거슬러 관과 띠를 버리고 구구한 월나라로 천자와 서로 대항해② 적대국이 되려고 하는데, 재앙이 장차 그대의 몸에 미칠 것입니다. 또 진나라가 그 정치를 잃어서 제후의 호걸들이 모두 일어났으나 유독 한왕은 먼저 관중으로 들어가 함양을 점거했습니다.

항우는 약속을 어기고 스스로 재위에 올라 서초패왕西楚霸王이 되었고 제후들이 모두 따랐으니 지극히 강하다고 이를 만 했습니다. 그러나 한왕은 파촉巴蜀에서 일어나 천하를 채찍질하고 제후들을 위협하고 노략질하면서 마침내 항우를 처단해 멸했습니다.

陸生因進說他曰 足下中國人 親戚昆弟墳在眞定① 今足下反天性 棄冠帶 欲以區區之越與天子抗衡② 爲敵國 禍且及身矣 且夫秦失其政 諸侯豪桀竝起 唯漢王先入關 據咸陽 項羽倍約 自立爲西楚霸王 諸侯皆屬 可謂至彊 然漢王起巴蜀 鞭笞天下 劫略諸侯 遂誅項羽滅之

① 眞定진정

색은 조趙나라 땅이다. 본래 이름은 동원이고 상산군에 속한다.

趙地也 本名東垣 屬常山

② 抗衡항형

색은 살펴보니 최호가 말했다. "항抗은 맞서는 것이다. 형衡은 보호대 위의 가로막이 나무이다. 항형抗衡은 두 개의 가로막이 나무가 서로 맞선다는 말이니 서로 피하여 내리지 않는다는 말이다."

案 崔浩云抗對也 衡車扡上橫木也 抗衡言兩衡相對拒 言不相避下

5년 사이에 천하는 평정되었는데 이는 사람의 힘이 아니라 하늘이 세운 것입니다. 천자께서는 군왕君王이 남월南越에서 왕이 되고도 천하의 포악한 역적을 처단하는 데 돕지 않았으니 장군이나 재상들이 군사를 움직여 군왕을 처단하고자 했는데 천자께서는 백성이 새롭게 수고하는 것을 가련하게 여겼습니다. 그러므로 또 군사를 쉬게 하고 신을 보내서 군왕께 인수를 주며 부절을 쪼개 사신을 통하게 했습니다.

군왕은 마땅히 교외에서 맞이해 북면하고 신하로 칭해야 하거늘 도리어 새로 만들어져 정비되지 않은 월나라로써 이곳에서 굳이 뻣뻣하게 나오시니 한나라가 진실로 이러한 것을 듣는다면 군왕의 선인先人들 무덤을 파서 불태우고 종족을 멸할 것이며 편장 한 사람을 시켜[1] 10만 군사를 거느리고 월나라에 다다르게 한다면, 월나라가 왕을 죽이고 한나라에 항복하는 것은 손을 뒤집는 것과 같이 (쉬울) 뿐입니다."

五年之間 海內平定 此非人力 天之所建也 天子聞君王王南越 不助天下誅暴逆 將相欲移兵而誅王 天子憐百姓新勞苦 故且休之 遣臣授君王印 剖符通使 君王宜郊迎 北面稱臣 迺欲以新造未集之越 屈彊於此 漢誠聞之 掘燒王先人冢 夷滅宗族 使一偏將[1]將十萬衆臨越 則越殺王降漢 如反覆手耳

① 使一偏將사일편장

신주 편장은 한쪽 방면을 담당하는 단위부대를 이끄는 직책이다. 그런 편장만으로 남월을 제압할 수 있다는 표현이다.

이에 위타가 앉은 자리에서 벌떡[①] 일어나 육생에게 사죄하며 말했다.

"남만 사람들 안에 오랫동안 살고 있어서 너무도 예의를 잃었습니다."

따라서 육생에게 물었다.

"나를 소하, 조참, 한신과 비교한다면 누가 더 현명합니까?"

육생이 말했다.

"왕께서 현명하신 것 같습니다."

다시 물었다.

"나와 황제는 누가 더 현명합니까?"

육생이 말했다.

"황제께서는 풍豊과 패沛에서 일어나 사나운 진나라를 토벌하고 강한 초나라를 처단했으며 천하를 위해 이로움을 일으키고 해로움을 제거해 오제와 삼왕三王(하, 상, 주의 개국시조)의 사업을 계승하시고 중국을 거느리고 다스리십니다. 중국은 사람들이 억만을 헤아리며 땅이 사방 만 리이고 천하의 기름진 곳에 삽니다. 사람은 많고 수레는 넘쳐나며 만물은 풍부한데도 정치는 한 집안에서 나오고 있으니 하늘과 땅이 둘로 갈라져 열린 때부터 비로소 있지 않았던 일입니다. 지금 왕의 백성은 수십만에 불과하고 모두 남만 사람이며 가파르고 험한 산과 바다의 사이에 있어서 비유하자면 한나라의 한 군郡과 같은데 왕께서 어찌 한나라에 비교하십니까?"

於是尉他洒蹶然[①]起坐 謝陸生曰 居蠻夷中久 殊失禮義 因問陸生曰 我孰與蕭何曹參韓信賢 陸生曰 王似賢 復曰 我孰與皇帝賢 陸生曰

皇帝起豐沛 討暴秦 誅彊楚 爲天下興利除害 繼五帝三王之業 統理中
國 中國之人以億計 地方萬里 居天下之膏腴 人衆車轝 萬物殷富 政由
一家 自天地剖泮未始有也 今王衆不過數十萬 皆蠻夷 崎嶇山海間 譬
若漢一郡 王何乃比於漢

① 蹶然궐연

색은 소림은 蹶의 발음은 '궐厥'이라고 했다. 《예기》에서 자하가 벌떡
[蹶然] 일어났다는 말이 있다. 《비창》에서 궐蹶은 일어나는 것이라고 한다.
蘇林音厥 禮記子夏蹶然而起 埤蒼云蹶 起也

위타는 크게 웃으면서 말했다.

"나는 중국에서 일어나지 않았소. 그러므로 이곳에서 왕을 하는
것이오. 내가 중국에서 살았다면 어찌 한나라만 같지 못하겠소?①"

이에 육생을 크게 좋아해서 머물게 하고 수개월 동안 술을 마셨다.
그리고 말했다.

"월나라 안에는 흡족하게 말을 나눌 사람이 없소. 선생께서 오고
나서야 나로 하여금 매일 듣지 못한 바를 듣게 했습니다."

이에 육생에게 자루 속에 1,000금 가치의 보물을 넣어주고② 따로
송별금③으로 또한 1,000금을 주었다. 육생이 마침내 위타를 제수
해서 남월왕南越王으로 삼아 신하로 칭하여 한나라를 받들 것을
약속하게 했다. 돌아와 보고하자 고조는 크게 기뻐하고 육가를

제수해서 태중대부로 삼았다.

尉他大笑曰 吾不起中國 故王此 使我居中國 何渠不若漢^① 迺大說陸生
留與飲數月 曰 越中無足與語 至生來 令我日聞所不聞 賜陸生橐中裝^②
直千金 他送^③亦千金 陸生卒拜尉他爲南越工 令稱臣奉漢約 歸報 高祖
大悅 拜賈爲太中大夫

① 何渠不若漢하거불약한

집해 渠의 발음은 '거詎'이다.

渠音詎

색은 渠의 발음을 유씨는 '거詎'라고 하였다. 《한서》에는 '거遽'로 되어
있는데, 안사고는 "어찌 다그치면 한나라만 못하겠는가?"라는 말이라고
주장했다.

渠 劉氏音詎 漢書作遽字 小顏以爲有何迫促不如漢也

② 橐中裝탁중장

집해 장안이 말했다. "주옥의 보배이다. 장裝은 싸는 것이다."

張晏曰珠玉之寶也 裝裹也

색은 橐의 발음은 '탁托'이다. 살펴보니 여순은 명월주明月珠 종류라고
생각했다. 또 살펴보니 《시전》에서 큰 것은 탁橐이라 하고 작은 것은 낭囊
이라 한다고 했다. 《비창》에서는 밑이 있는 것을 낭이라 하고 밑이 없는
것을 탁이라 한다고 했다. 보물을 포대 자루에 넣어준 것을 이른다.

橐音托 案 如淳云以爲明月珠之屬也 又案 詩傳曰 大曰橐 小曰囊 埤蒼云 有底
曰囊 無底曰橐 謂以寶物(以)入囊橐也

③ 他送타송

소림이 말했다. "자루 속의 물건이 아니다. 그래서 따로 송별금이라고 했다."

蘇林曰非橐中物 故曰他送也

육생이 때때로 앞에서 《시경》과 《상서》를 일컬어 설명하자 고조가 꾸짖어 말했다.

"곧 이 몸이 말 위에 앉아서 천하를 얻었거늘 어찌 《시경》과 《상서》를 일삼느냐?"

육생이 말했다.

"말 위에 앉아 천하를 얻었지만 어찌 말 위에서 천하를 다스리겠습니까? 또 탕왕과 무왕은 (도道를) 거슬러 천하를 취하였지만 순리로써 지켰습니다. 문文과 무武를 함께 사용하는 것이 길고 오래도록 유지하는 방법입니다. 옛날 오왕 부차夫差와 지백智伯은 무武를 지나치게 쓰다가 망했고, 진秦나라는 형법에만 맡기고 개혁하지 않아서 마침내 조씨趙氏[①]는 멸망하게 되었습니다. 가령 진나라가 천하를 합병하고 나서 인의를 행하고 지나간 성인을 본받았다면 폐하께서 어찌 천하를 얻어 가질 수 있었겠습니까?"

陸生時時前說稱詩書 高帝罵之曰 迺公居馬上而得之 安事詩書 陸生曰 居馬上得之 寧可以馬上治之乎 且湯武逆取而以順守之 文武竝用 長久之術也 昔者吳王夫差智伯極武而亡 秦任刑法不變 卒滅趙氏[①] 鄕使秦已并天下 行仁義 法先聖 陛下安得而有之

① 趙氏조씨

趙氏 秦姓也

案 韋昭云秦伯益後 與趙同出非廉 至造父 有功於穆王 封之趙城 由此一姓趙氏

고제는 못마땅하게 여겼지만 부끄러운 얼굴색이 되어 이에 육생에게 일렀다.

"시험 삼아 나를 위해 진나라가 천하를 잃어버린 까닭과 내가 천하를 얻은 까닭이 무엇이며, 옛날에 이르러 성공하고 실패한 나라들을 들어 글을 지어 주겠는가?"

육생이 이에 존재하고 멸망한 징조를 대강 설명하고 기술해 모두 12편을 지었다. 한 편을 아뢸 때마다 고제가 일찍이 칭찬하지 않은 것이 없었고 좌우의 신하들도 만세를 불렀다. 그 글을 《신어新語》라고 불렀다.①

효혜제孝惠帝 때 여태후呂太后가 권력을 잡고 여러 여씨呂氏를 왕으로 삼고자 했는데 대신들의 말이 있을 것을 걱정했다. 육생은 스스로 헤아려 간쟁하지 못할 것으로 여기고 이에 병을 핑계로 면직되어 집에 있었다. 호치好畤 땅②의 전지가 좋았으므로 집으로 삼을 수 있다고 생각했다.

高帝不懌而有慙色 迺謂陸生曰 試爲我著秦所以失天下 吾所以得之者
何 及古成敗之國 陸生迺粗述存亡之徵 凡著十二篇 每奏一篇 高帝未嘗
不稱善 左右呼萬歲 號其書曰 新語① 孝惠帝時 呂太后用事 欲王諸呂 畏
大臣有口者 陸生自度不能爭之 迺病免家居 以好時②田地善 可以家焉

① 新語신어

정의 《칠록》에서 말한다. "《신어》는 두 권이고 육가가 지었다."

七錄云新語二卷 陸賈撰也

② 好時호치

정의 時의 발음은 '지止'이다. 옹주의 현이다.

時音止 雍州縣也

아들 다섯이 있었는데, 이에 월나라에 사신으로 가서 받은 자루
속의 보물을 1,000금①에 팔아 그 아들들에게 나누어 아들마다
200금씩 주고 생산하는 사업을 하도록 했다. 육생은 늘 사두마차
의 안거安車를 타고 노래하고 춤추며 비파를 타며 모시는 자 십여
명을 따르게 하고, 값어치가 백금百金인 보검을 차고 있었다. (육생이)
그의 아들들에게 말했다.
"너희②와 약속을 하겠다. 너희들의 집에 들르거든 너희들은 나의
일행과 말에게 술과 음식을 공급하여 욕망을 채워 주거라.

10일이 되면 (다음 아들 집으로) 바꾸겠다. 내가 죽는 집에서는 보검
과 수레 기마와 시종들을 얻을 것이다. 한해 중에 왕래하여 다른
집에도 들를 것이니, 모두 두세 번 들름에 지나지 않을 것이다.[③]
자주 보는 것은 반갑지 않으며[④] 오래도록 이 몸을 귀찮게 여길
일은 없을 것이다.[⑤]"

有五男 酒出所使越得橐中裝賣千金[①] 分其子 子二百金 令爲生産 陸生
常安車駟馬 從歌舞鼓琴瑟侍者十人 寶劍直百金 謂其子曰 與汝[②]約 過
汝 汝給吾人馬酒食 極欲 十日而更 所死家 得寶劍車騎侍從者 一歲中
往來過他客 率不過再三過[③] 數見不鮮[④] 無久恩公爲也[⑤]

① 千金천금

정의 한나라 제도에는 1금金이 1,000관貫의 가치가 있다.

漢制一金直千貫

② 汝여

집해 서광이 말했다. "여汝는 다른 판본에는 '공公'으로 되어 있다."

徐廣曰汝 一作公

③ 率不過再三過율불과재삼과

색은 率의 발음은 '율律'이다. 過의 발음은 '과戈'이다.

率音律 過音戈

④ 數見不鮮삭현불선

數見의 발음은 '삭현朔現'이다. 때때로 와서 너희를 보겠다는 것을 이른다. 불선不鮮은 반드시 신선하고 맛있는 음식을 할 것이며, 신선하지 않은 물건은 보이지 않게 하라는 말이다. 《한서》에는 '삭격선數擊鮮'으로 되어 있는데, 여순은 '막 잡은 것을 선鮮이라 한다.'고 했다.

數見音朔現 謂時時來見汝也 不鮮 言必令鮮美作食 莫令見不鮮之物也 漢書作
數擊鮮 如淳云 新殺曰鮮

⑤ 無久厭公爲也무구혼공위야

집해 위소가 말했다. "혼厭은 오욕汚辱이라는 뜻이다."

韋昭曰厭污辱

색은 혼厭은 근심한다는 뜻이다. 공公은 육가 스스로를 이른다. 너희 아들들에게 나를 오래도록 싫어하는 걱정을 없게 하겠다는 말이다.

厭患也 公賈自謂也 言汝諸子無久厭患公也

여태후 때 여러 여씨들을 왕으로 삼으니 여씨들이 권력을 멋대로 해 소주少主①를 겁박하고 유씨劉氏를 위태하게 하고자 했다. 우승상 진평陳平이 이를 걱정했으나 힘은 다툴 만하지 못하고 재앙이 자신에게 미칠까 두려워 늘 집에 틀어박혀 생각에 빠졌다. 육생이 문안을 갔는데② 곧바로 들어가 앉았는데도 진승상은 바야흐로 생각에 빠져서③ 제때 육생을 보지 못했다. 육생이 말했다.

"무슨 생각에 빠지셨습니까?"

진평이 말했다.

"그대는 내가 무엇을 생각한다고 추측하고④ 있소?"

육생이 말했다.

"족하께서는 지위로는 재상이 되었고 식읍은 3만 호⑤ 후작이시니 부하고 귀한 것이 지극해 욕심이 없다고 이를 만합니다. 그러나 걱정이 있다고 한다면 여러 여씨와 소주少主를 근심하는 것에 지나지 않을 것입니다."

진평이 말했다.

"그렇소. 어찌해야 하겠소?"

呂太后時 王諸呂 諸呂擅權 欲劫少主① 危劉氏 右丞相陳平患之 力不能爭 恐禍及己 常燕居深念 陸生往請② 直入坐 而陳丞相方深念③ 不時見陸生 陸生曰 何念之深也 陳平曰 生揣④我何念 陸生曰 足下位爲上相 食三萬戶侯⑤ 可謂極富貴無欲矣 然有憂念 不過患諸呂少主耳 陳平曰 然 爲之柰何

① 少主소주

신주 여태후가 형식상으로 세운 두 황제를 말한다. 첫째는 여태후에 의해 살해당했고, 둘째는 문제 옹립과정에서 제거 당한다.

② 往請왕청

집해 《한서음의》에서 말한다. "청請은 문안을 여쭙는 것과 같다."

漢書音義曰請 若問起居

③ 深念심념

색은 심념深念은 생각에 빠진 것이다.

深念 深思之也

④ 揣췌

집해 맹강이 말했다. "췌揣는 헤아리는 것이다." 위소가 말했다. "揣의 발음은 '취[初委反]'이다."

孟康曰揣度也 韋昭曰揣音初委反

⑤ 三萬戶侯삼만호후

색은 살펴보니 《한서》〈진평전〉에서는 (한나라 초에 곡역의) 식읍이 5,000호라 했고, 곡역의 (호구가) 진秦나라 때 3만 호를 가졌다면 아마 다시 공업을 쌓아 (한나라 때) 이에 이르렀을 것이므로 이렇게 칭했을 것이다.

案 陳平傳食戶五千 以曲逆秦時有三萬戶 恐復業至此 故稱

육생이 말했다.

"천하가 편안하면 재상에게 마음을 쏟고, 천하가 위태하면 장군에게 마음을 쏟는 것입니다. 장군과 재상이 조화하면 사인들은 힘써 따르니,① 사인들이 힘써 따르면 천하에 비록 변고가 있더라도 곧 권력이 분리되지 않습니다. 사직을 위한 계책은 양 군君이 장악하는 데 달려있을 뿐입니다.

신은 늘 태위 강후에게 말하려고 했지만, 강후는 나와 농담을 하며

내 말을 가볍게 여겼습니다. 군君께서는 어찌 태위와 사귀는 것을 즐거하여 깊이 서로 교분을 맺지 않으십니까?"

진평을 위하여 여씨들을 도모할 여러 가지 일을 꾸몄다. 진평은 그의 계획을 사용해 이에 500금으로 강후의 장수를 위한 성대한 잔치를 갖추고 즐겁게 마셨다. 태위도 똑같이 보답했다. 이 두 사람이 서로 깊게 결탁하자 여씨의 계책은 더욱 쇠약해졌다.

진평은 이에 노비 100여 명과 수레와 말 50승과 500만 전을 육생에게 보내 음식의 비용으로 쓰게 했다. 육생이 이것으로 한나라 조정의 공경公卿 사이에서 교유하자 명성이 매우 퍼졌다.[2]

陸生曰 天下安 注意相 天下危 注意將 將相和調 則士務附[1] 士務附 天下雖有變 卽權不分 爲社稷計 在兩君掌握耳 臣常欲謂太尉絳侯 絳侯與我戲 易吾言 君何不交驩太尉 深相結 爲陳平畫呂氏數事 陳平用其計 酒以五百金爲絳侯壽 厚具樂飮 太尉亦報如之 此兩人深相結 則呂氏謀益衰 陳平酒以奴婢百人 車馬五十乘 錢五百萬 遺陸生爲飮食費 陸生以此游漢廷公卿間 名聲藉甚[2]

① 務附무부

집해 서광이 말했다. "무務는 다른 판본에는 '예豫'로 되어 있다."

徐廣曰務 一作豫

② 藉甚자심

집해 《한서음의》에서 말한다. "퍼진 것이 매우 성해졌다는 말이다."

漢書音義曰 言狼籍甚盛

여씨들을 처단하고 효문제孝文帝를 세우는 데 이르러 육생은 자
못 힘을 썼다. 효문제가 즉위하자 남월에 사신을 보내고자 했다.
진승상 등은 곧 육생이 태중대부가 된 사연을 말해서[1] (문제는) 위
타에게 사신으로 가게 했다. 육가는 위타에게 가서 황옥黃屋을 짓
고 제制를 칭하는 것을 제거하라고 명하고, 제후들과 비등하게 하
여 모두 문제의 뜻과 같게 했다.[2] 이 이야기는 〈남월열전〉 이야기
속에 있다. 육생은 끝내 천수를 누리고 생을 마쳤다.

及誅諸呂 立孝文帝 陸生頗有力焉 孝文帝卽位 欲使人之南越 陳丞相
等乃言陸生爲太中大夫[1] 往使尉他 令尉他去黃屋稱制 令比諸侯 皆如
意旨[2] 語在南越語中 陸生竟以壽終

① 陳丞相等乃言陸生爲太中大夫진승상등내언육생위태중대부

신주 진평 등이 문제에게, 육생이 남월에 사신을 다녀온 공으로 태중
대부가 된 과정을 말한 것은 육생을 다시 남월에 보내는 게 좋다는 뜻
이다.

② 皆如意旨개여의지

신주 旨는 성지聖旨를 가리키니, 곧 문제의 뜻이다.

평원군 주건과 후속 이야기

평원군平原君 주건朱建은 초나라 사람이다. 지난날 일찍이 회남왕
경포黥布의 재상이 되었는데 죄가 있어 떠났다가 뒤에 복직해 경
포를 섬겼다. 경포는 한나라를 배반하려고 할 때 평원군에게 의
사를 물었다. 평원군은 잘못된 것이라고 했지만, 경포는 듣지 않
고 양보후梁父侯[①]의 의견을 듣고 마침내 배반했다.

한나라는 경포를 처단하고 나서 평원군은 간하여 모반을 함께하
지[②] 않았다는 말을 듣고 체포했으나 죽이지 않았다. 이 이야기는
〈경포열전〉 속에 있다.[③]

平原君朱建者 楚人也 故嘗爲淮南王黥布相 有辠去 後復事黥布 布欲
反時 問平原君 平原君非之 布不聽而聽梁父侯[①] 遂反 漢已誅布 聞平
原君諫不與[②]謀 得不誅 語在黥布語中[③]

① 梁父侯양보후

색은 양보후는 사서에 이름을 빠뜨렸다. 여순은 《한서》에 주석하여 수
遂는 경포의 신하라고 했지만 틀렸다. 신찬은 "경포는 양보후의 계책을
사용하여 마침내 반기를 들었을 따름이다."라고 말했는데, 그 설이 옳다.

梁父侯史失名 如淳注漢書云遂布臣非也 臣瓚曰布用梁父侯計遂反耳 其說是也

② 與여

정의 與의 발음은 '예預'이다.

與音預

③ 黥布語中경포어중

집해 〈경포열전〉에는 이 말이 없다.

黥布列傳無此語

평원군의 사람됨은 입심이 좋아 말을 잘하며 엄격하고 청렴하며 굳세고 곧았는데, 장안에서 살았다. 행동하는 데는 구차하게 부합하지 않고 의로워서 비위를 맞추는 것을 용납하지 않았다. 벽양후辟陽侯(심이기)는 행동이 바르지 않았지만 여태후의 총애를 받았다. 당시 벽양후는 평원군과 알고 지내고자 했는데 평원군은 기꺼이 만나주지 않았다.

평원군의 어머니가 죽음에 이르자, 육생은 평소 평원군과 사이가 좋아 조문을 갔다. 평원군은 집안이 가난해 장례를 치르지 못해① 바야흐로 돈을 빌려서 상복을 준비하려고 했는데 육생이 평원군에게 장례를 치르도록 했다. 육생은 길을 가서 벽양후를 만나 축하하며 말했다.

"평원군의 어머니가 돌아가셨습니다."

平原君爲人辯有口 刻廉剛直 家於長安 行不苟合 義不取容 辟陽侯行不正 得幸呂太后 時辟陽侯欲知平原君 平原君不肯見 及平原君母死

陸生素與平原君善 過之 平原君家貧 未有以發喪① 方假貸服具 陸生令 平原君發喪 陸生往見辟陽侯 賀曰 平原君母死

① 未有以發喪미유이발상

색은 살펴보니 유씨가 말했다. "장례를 치르고자 할 때는 모름지기 빈궁殯宮을 열어야 하므로 '발상發喪'이라 한다."

案 劉氏云謂欲葬時 須啟其殯宮 故云發喪也

벽양후가 말했다.

"평원군의 어머니가 돌아가셨는데 어찌 나에게 축하한다고 합니까?"

육가가 말했다.

"지난날 군후君侯께서 평원군과 알고 지내고자 했으나 평원군이 의로써 군과 알고 지내지 않으려고 한 것은 그의 어머니가 계셨기 때문이었소.① 지금 그의 어머니가 돌아가셨는데 군께서 진실로 두텁게 상여를 전송한다면 저 평원군은 군을 위해서 목숨을 바칠 것이오."

벽양후는 이에 100금을 가지고 가서 조문을 하고 부조금으로 내놓았다.② 열후와 귀인들은 벽양후의 연고 때문에 가서 부조금을 내놓아 모두 500금이 되었다.

辟陽侯曰 平原君母死 何乃賀我乎 陸賈曰 前日君侯欲知平原君 平原君義不知君 以其母故① 今其母死 君誠厚送喪 則彼爲君死矣 辟陽侯乃奉百金往稅② 列侯貴人以辟陽侯故 往稅凡五百金

① 以其母故이기모고

집해 장안이 말했다. "서로 알고 지내서 마땅히 재액과 위기를 구휼해야 하는데, 어머니가 계시기 때문에 의리상 군을 알고 지내지 못했다는 것이다."

張晏曰相知當同恤災危 母在 故義不知君

색은 살펴보니 최호가 말했다. "주건은 어머니가 계시므로 의리상 자신을 남에게 허락하지 않은 것이다."

案 崔浩云建以母在 義不以身許人也

② 稅세

집해 위소가 말했다. "상복을 세稅라고 한다. 세稅는 마땅히 '수襚'가 되어야 한다."

韋昭曰衣服曰稅 稅當爲襚

색은 살펴보니 《설문》에서 말한다. "세稅는 복服을 마치고 나면 주는 것이다." 襚의 발음은 '셰[式芮反]' 또는 '수遂'이다.

案 說文稅 贈終服也 襚音式芮反 亦音遂

벽양후는 여태후에게 총애를 받았는데 어떤 사람이 벽양후를 효혜제에게 헐뜯었다. 효혜제가 크게 노하고 관리를 보내 죽이고자 했다. 여태후는 부끄러워서 말할 수 없었다. 대신들은 대부분 벽양후의 행동을 시기했으므로 마침내 죽이려 했다. 벽양후는 위급해지자 사람을 시켜 평원군을 보고자 했다. 평원군은 사양하고 말했다.

"옥사가 급하므로 감히 군을 만나지 못합니다."

이에 평원군은 효혜제가 총애하는 신하 굉적유閎籍孺[1]를 찾아 만나서 설득했다.

"그대가 황제에게 총애를 받고 있는 것은 천하에서 듣지 않은 자가 없습니다. 지금 벽양후는 태후에게 총애를 입었지만 (효혜제가 벽양후에게 크게 노해서) 관리를 보냈는데 도로에서는 모두 그대가 헐뜯어 죽이고자 한다고 말하고 있습니다. 금일 벽양후가 죽임을 당하면 훗날에는 태후께서 원한을 품고 또한 그대를 죽일 것입니다. 어찌 어깨를 드러내고[육단肉祖] 벽양후를 위해 황제에게 말씀하지 않으십니까? 황제께서 그대의 말을 들으면 벽양후를 석방할 것이며 태후께서는 크게 기뻐하실 것입니다. 두 주인이 그대를 총애하면 그대의 부귀는 갑절로 늘어날 것입니다."

辟陽侯幸呂太后 人或毀辟陽侯於孝惠帝 孝惠帝大怒 下吏 欲誅之 呂太后慙 不可以言 大臣多害辟陽侯行 欲遂誅之 辟陽侯急 因使人欲見平原君 平原君辭曰 獄急 不敢見君 迺求見孝惠幸臣閎籍孺[1] 說之曰 君所以得幸帝 天下莫不聞 今辟陽侯幸太后而下吏 道路皆言君讒 欲殺之 今日辟陽侯誅 旦日太后含怒 亦誅君 何不肉袒爲辟陽侯言於帝 帝聽君出辟陽侯 太后大驩 兩主共幸君 君貴富益倍矣

① 閎籍孺굉적유

색은 살펴보니 〈영행열전佞幸列傳〉에서 말한다. "고조 때 적유籍孺가 있었고, 효혜제 때 굉유閎孺가 있었다. 지금 뭉뚱그려 굉적유閎籍孺라고 했는데, 잘못되었다."

案 佞幸傳云高祖時有籍孺 孝惠時有閎孺 今總言閎籍孺誤也

이에 굉적유가 크게 두려워하고 그의 계책을 따라 황제에게 말하
자 마침내 벽양후를 풀어 주었다. 벽양후는 감옥에 갇혀서 평원
군을 보고자 했는데, 평원군은 벽양후를 만나지 않았다. 벽양후
는 자신을 배신했다고 여기고 크게 노했다. 그런데 평원군의 계획
이 성공해서 풀려나게 되자 이에 크게 놀랐다.

여태후가 죽고 대신들이 여러 여씨들을 처단했는데 벽양후는
여러 여씨와 깊은 관계가 있었는데도[①] 마침내 죽임을 당하지
않았다. 계획이 온전하게 된 까닭은 모두 육생과 평원군의 힘이
었다.

於是閎籍孺大恐 從其計 言帝 果出辟陽侯 辟陽侯之囚 欲見平原君 平
原君不見辟陽侯 辟陽侯以爲倍己 大怒 及其成功出之 迺大驚 呂太后
崩 大臣誅諸呂 辟陽侯於諸呂至深[①]而卒不誅 計畫所以全者 皆陸生平
原君之力也

---

① 諸呂至深제여지심

집해 여순이 말했다. "벽양후는 여러 여씨와 서로 친해 신임을 얻어,
죄를 지어 죽여 마땅할 이유가 매우 깊기에 이르렀다."

如淳曰 辟陽侯與諸呂相親信也 爲罪宜誅者至深

색은 살펴보니 여순은 마땅히 처단해야 한다고 설명했는데, 잘못되었
다. 안사고는 "벽양후는 여러 여씨와 서로 알고 지낸 것이 매우 깊기에

이르렀다."고 했는데, 그 이치를 얻었다.

案 如淳說以爲宜誅 非也 小顏云辟陽侯與諸呂相知至深重 得其理也

효문제 때 회남여왕淮南厲王이 벽양후를 살해한 것은 여러 여씨
의 일 때문이었다. 문제는 벽양후의 객인 평원군이 계책했다는 소
식을 듣고 관리를 시켜 체포해 치죄하려 했다. 관리가 집 문 앞에
이르렀다는 소식을 듣고 평원군은 자살하려고 했다. 여러 아들과
관리들이 모두 말했다.

"일은 아직 알 수 없는데 어찌 일찍 자살하려고 하십니까?"

평원군이 말했다.

"내가 죽게 되면 재앙이 단절되고 너희들에게는 미치지 않을 것
이다."

마침내 자결했다. 효문제가 듣고 애석해하며 말했다.

"나는 죽일 뜻이 없었다."

이에 그의 아들을 불러서 제수해 중대부中大夫로 삼았다.[1] 흉노
에 사신으로 갔는데 선우單于가 무례하게 하자 이에 선우를 꾸짖
고 마침내 흉노 안에서 죽었다.

孝文帝時 淮南厲王殺辟陽侯 以諸呂故 文帝聞其客平原君爲計策 使
吏捕欲治 聞吏至門 平原君欲自殺 諸子及吏皆曰 事未可知 何早自
殺爲 平原君曰 我死禍絕 不及而身矣 遂自剄 孝文帝聞而惜之 曰 吾
無意殺之 迺召其子 拜爲中大夫[1] 使匈奴 單于無禮 迺罵單于 遂死匈
奴中

① 拜爲中大夫배위중대부

色은 살펴보니 아래 문장에서 이른바 태사공과 친하다고 했다.

案 下文所謂與太史公善者

> 애초에 패공이 군사를 거느리고 진류를 지날 때, 역생은 군문 앞까지 따라와 명함을 올리면서 말했다.
>
> "고양의 미천한 백성 역이기는 가만히 패공께서 뜨거운 햇살과 이슬을 맞으면서 군사를 거느리고 초나라를 도와 불의를 토벌한다는 소식을 듣고, 삼가 따르는 여러분들을 위로하고 (패공을) 만나 뵙고 천하의 일들을 계획하여 말씀드리기를 바란다고 해주시오."
>
> 심부름하는 사람이 들어가 말을 전하자, 패공은 바야흐로 씻으면서 심부름하는 자에게 물었다.
>
> "어떠한 사람이더냐?"
>
> 심부름하는 자가 말했다.
>
> "모습은 큰 유생과 비슷하여 유생의 옷을 입고 측주관側注冠①을 썼습니다."
>
> 패공이 말했다.
>
> "나를 위해 거절하라. 나는 바야흐로 천하를 위해 일하는데 유생을 만나볼 겨를이 없다고 말해라."
>
> 初 沛公引兵過陳留 酈生踵軍門上謁曰 高陽賤民酈食其 竊聞沛公暴露 將兵助楚討不義 敬勞從者 願得望見 口畫天下便事 使者入通 沛公

方洗 問使者曰 何如人也 使者對曰 狀貌類大儒 衣儒衣 冠側注① 沛公
曰爲我謝之 言我方以天下爲事 未暇見儒人也

① 冠側注관측주
집해 서광이 말했다. "측주관은 일명 고산관高山冠이라고도 하는데,
제나라 왕이 착용했던 것으로 알자謁者에게 하사했다."
徐廣曰側注冠一名高山冠 齊王所服 以賜謁者

심부름하는 자가 나와서 거절해서 말했다.

"패공께서는 공경히 선생을 사양하시면서 바야흐로 천하를 위해
일하는데 유생을 만날 겨를이 없다고 하십니다."

역생이 두 눈을 부릅뜨고 검을 어루만지면서 심부름하는 자를
꾸짖어 말했다.

"달려가라! 다시 들어가 패공에게 말하여, 나는 고양의 술을 즐
기는 무리이지① 유생이 아니라고 하라."

심부름하는 자가 두려워 명함을 떨어뜨렸다. 무릎을 꿇고 명함을
주워들고 되돌아 달려가서 다시 들어가 보고했다.

"객은 천하의 장사이며 신을 꾸짖었는데, 신이 두려워서 명함을
놓치기까지 했습니다. 말하기를 '달려가라! 다시 들어가 나는 고
양의 술을 즐기는 무리라고 말하라.'고 했습니다."

패공은 급하게 발을 씻고 창을 지팡이 삼고 말했다.

"객을 맞아들여라."

使者出謝曰 沛公敬謝先生 方以天下爲事 未暇見儒人也 酈生瞋目案
劍叱使者曰 走 復入言沛公 吾高陽酒徒也^① 非儒人也 使者懼而失謁
跪拾謁 還走 復入報曰 客 天下壯士也 叱臣 臣恐 至失謁 曰 走 復入言
而公高陽酒徒也 沛公遽雪足杖矛曰 延客入

① 高陽酒徒也고양주도야

집해 서광이 말했다. "어떤 판본에는 '이 몸은 고양의 술을 즐기는 무
리이다.'로 되어 있다."

徐廣曰一本言而公高陽酒徒

역생은 들어가서 패공에게 읍하고 말했다.

"족하께서는 매우 고생하시며 옷을 햇볕에 쬐고 관冠을 이슬에
적시며 군사들을 거느리고 초나라를 도와 불의를 토벌하시는데
족하는 어찌 스스로 기쁘게 하지 않으십니까? 신은 일로써 뵙기
를 원하는데, 말씀하시기를 '나는 바야흐로 천하를 위해 일하는
데 유생을 만날 겨를이 없다.'라고 하셨습니다.

대저 족하께서는 천하의 대사를 일으켜 천하의 큰 공을 성취하고
자 하시면서 눈으로는 겉모습만 보고 살피려고 하면 아마 천하의
능력 있는 사인을 잃을 것입니다. 또 내가 족하의 지혜를 살펴보니
나만 같지 못하고 용맹도 또한 나만 같지 못합니다. 만약 천하로

나아가고자 하면서 만나보지 않는다면, 가만히 생각건대 족하의 실수가 될 것입니다."

패공이 사과하고 말했다.

"전에는 선생의 용모를 들었을 뿐이고 지금 선생의 뜻을 보았습니다."

이에 맞아들여서 앉게 하고 천하를 취하는 방법을 물었다.

역생이 말했다.

"대저 족하께서 큰 공을 성취하고자 한다면 진류에 머무는 것만 같지 못할 것입니다. 진류 땅은 천하의 거점과 요충지로 군사들이 모여드는 땅입니다. 곡식은 수천만 석이 쌓여 있으며 성의 수비는 매우 견고합니다. 신은 평소 진류현령과 친분이 있는데 원하신다면 족하를 위해 설득도 하겠습니다. 신의 설득을 듣지 않는다면 신은 청컨대 족하를 위해 그를 죽이고 진류를 항복시키겠습니다. 족하께서는 진류의 군사를 거느리고 진류의 성에 의지해서 그곳의 곡식을 먹으며 천하에서 따르려는 군사들을 초청하십시오. 따르려는 군사들이 이루어지고 나면 족하께서 천하를 휘젓고 다녀도 족하를 해치려는 자는 있지 않을 것입니다."

패공이 말했다.

"공경히 명을 듣겠습니다."

이에 역생은 밤에 진류현령을 만나서 설득해 말했다.

"대저 진나라는 무도해 천하가 배반했으니, 지금 족하께서 천하와 더불어 따른다면 큰 공로를 성취할 수 있을 것이오. 지금 홀로 망하는 진나라를 위해 성을 껴안고 굳게 지킨다면, 신은 가만히 족하에게 위태롭다고 여깁니다."

진류현령이 말했다.

"진나라 법은 지극히 무거워서 망령된 말은 불가하오. 망령된 말을 하는 자에게 어울릴 일이 없으니 나는 응할 수 없소. 선생이 신을 가르치는 까닭은 신하의 뜻이 아니오. 원컨대 다시 말하지 마시오."

역생은 머물러 잠을 자게 되었는데 한밤중에 진류현령의 머리를 베어 성을 넘어서 내려와 패공에게 보고했다. 패공이 군사를 인솔하고 성을 공격해 현령의 머리를 긴 장대에 끼워서 성 위의 사람들에게 보이며 말했다.

"빨리 항복하라! 너희들의 현령의 머리는 이미 잘렸다. 뒤에 항복하는 자는 반드시 먼저 벨 것이다."

이에 진류 사람들은 현령이 이미 죽은 것을 보고 마침내 서로 인솔해 패공에게 항복했다. 패공은 진류의 남쪽 성문 위에 숙사를 정하고 창고의 병기를 가지고 쌓여 있는 곡식을 먹으면서 3개월을 출입하며 머물렀는데, 따르는 병사가 수만 명이 되어 마침내 진나라로 쳐들어가 격파했다.[①]

酈生入 揖沛公曰 足下甚苦 暴衣露冠 將兵助楚討不義 足不何不自喜也 臣願以事見 而曰 吾方以天下爲事 未暇見儒人也 夫足下欲興天下之大事而成天下之大功 而以目皮相 恐失天下之能士 且吾度足下之智不如吾 勇又不如吾 若欲就天下而不相見 竊爲足下失之 沛公謝曰 鄉者聞先生之容 今見先生之意矣 迺延而坐之 問所以取天下者 酈生曰 夫足下欲成大功 不如止陳留 陳留者 天下之據衝也 兵之會地也

積粟數千萬石 城守甚堅 臣素善其令 願爲足下說之 不聽臣 臣請爲足

下殺之 而下陳留 足下將陳留之衆 據陳留之城 而食其積粟 招天下之

從兵 從兵已成 足下橫行天下 莫能有害足下者矣 沛公曰 敬聞命矣 於

是酈生迺夜見陳留令 說之曰 夫秦爲無道而天下畔之 今足下與天下從

則可以成大功 今獨爲亡秦嬰城而堅守 臣竊爲足下危之 陳留令曰 秦

法至重也 不可以妄言 妄言者無類 吾不可以應 先生所以敎臣者 非臣

之意也 願勿復道 酈生留宿臥 夜半時斬陳留令首 踰城而下報沛公 沛

公引兵攻城 縣令首於長竿以示城上人 曰 趣下 而令頭已斷矣 今後下

者必先斬之 於是陳留人見令已死 遂相率而下沛公 沛公舍陳留南城門

上 因其庫兵 食積粟 留出入三月 從兵以萬數 遂入破秦[1]

① 遂入破秦수입파진

신주 〈주건열전〉 뒤에 실린 역생 이야기는 글의 체제로 보건대 사마천
의 기록이 아니고, 후대에 누군가 부연한 것으로 보인다.

태사공은 말한다.

세상에 역생의 글이 전하는데 많이 이르기를, 한왕이 이미 삼진
三秦을 쳐부수고 동쪽으로 항적을 치고 공鞏과 낙洛의 사이에서
군사를 이끌 때 역생이 유생의 복장을 하고 가서 한왕을 설득했
다고 하지만 잘못된 기록이다. 패공은 관중으로 들어가기 전부터
항우와 떨어져 고양에 이르러 역생 형제를 얻었다. 나는 육생의

《신어》 글 12편을 읽어 보았는데, 진실로 당시 말 잘하는 사인이
었다. 평원군의 아들은 나와 잘 지내기에 이르렀으므로 이 때문
에 이야기를 상세히 알아서 논할 수 있었다.

太史公曰 世之傳酈生書 多曰漢王已拔三秦 東擊項籍而引軍於鞏洛之
間 酈生被儒衣往說漢王 迺非也 自沛公未入關 與項羽別而至高陽 得
酈生兄弟 余讀陸生新語書十二篇 固當世之辯士 至平原君子與余善
是以得具論之

색은술찬 사마정이 펼쳐서 밝히다.

광야군은 크게 헤아렸고 비로소 측주관을 썼다. 문에서 발돋움하고 길게
읍하며 깊은 재주로 귀중히 대우받았다. 역하에서 제나라를 설득하고
솥으로 달려가는 것을 어찌 두려워했으랴! 육가는 남월에 사신으로 갔
고 위타는 두려워했다. 국가를 편하게 할 것을 재상에게 설득했고 글을
지어서 주상을 깨우쳤구나!

廣野大度 始冠側注 踵門長揖 深器重遇 說齊歷下 趣鼎何懼 陸賈使越 尉佗慴
怖 相說國安 書成主悟

사기 제98권 史記卷九十八

부근괴성열전 傅靳蒯成列傳

사기 제98권 부근괴성열전 제38

史記卷九十八 傅靳蒯成列傳第三十八

신주 〈부근괴성열전〉은 고조가 거병했을 때부터 그의 측근에서 활약
했던 무장 부관傅寬, 근흡靳歙, 주설周緤의 열전이다. 세 사람이 유방을
수행하며 출정하고 전적을 쌓고 승진하는 과정이 기술되어 있다.

부관傅寬은 횡양橫陽 사람으로 서한의 개국공신이다. 유방의 처족인 여
씨와 동향이다. 유방군에 가담한 후 유방을 따라 진秦나라 말기 일련의
전투에 참여했고, 한신韓信과 조참曹參 아래서 제나라 땅을 평정하는 공
을 세워 양릉후陽陵候에 봉해졌다. 유방이 장안에 도읍을 세운 이후에는
주발에 소속되어 진희陳豨의 반란을 평정하는 데 참여했다.

근흡靳歙은 원구宛句 사람으로 서한西漢의 개국공신이다. 진나라 말기
에 유방이 군사를 일으켰을 때 중연中涓 신분으로 진나라와의 전투에서
공을 세워 건무후建武候의 작위를 받았다. 또한 삼진三秦을 정벌하고 항우
를 격파하는 데서도 공을 세워 신무후信武候에 봉해졌다.

사마천은 이 열전의 주인공인 부관과 근흡에 대해 "모두 작위가 높은
데 고조를 따라 산동에서 기의하여 항적(항우)을 쳐서 이름난 장수들을
죽이고 군사를 깨뜨리고 성을 항복시킨 것이 열을 헤아렸으며 일찍이
곤욕을 당하지 않았으니 이는 또한 하늘이 준 것이다."라고 평했다.

주설周緤은 사수군 패현沛縣 사람으로 서한의 개국공신이다. 패현 봉기에 참가하여 유방을 따라 사방으로 출정하여 함양을 공격하고, 삼진을 평정하는 데 공을 세워 괴성후蒯成侯에 봉해졌다. 사마천은 괴성후 주설에 대해서 "조심하고 굳고 곧아 몸이 의심을 받지 않았으며 임금이 출정하려 하면 눈물을 흘리지 않은 적이 없었다. 이는 마음 아파함이 있어야 그렇게 되는 것이니 독실하고 도타운 군자라 할 만하겠다."라고 평했다.

《태사공자서》에는 진나라 초기의 일을 자세히 알기 위해 이 열전을 지었다고 했다. 근신들은 유방을 도와 천하를 취하는 전투에서 힘을 보태며 공적을 쌓아 순조롭게 승진했지만, 홍문연鴻門宴에서 고조를 지켰던 번쾌樊噲 같은 일화는 없다. 그래서 고조를 둘러싼 인물 중 그는 비교적 수수한 존재로 평가되고 있다.

양릉후 부관

> 양릉후陽陵侯① 부관은 위魏나라 오대부五大夫 신분의 기병 장수로 패공을 따라 사인舍人이 되어 횡양②에서 일어났다.
>
> 패공을 따라 안양③과 강리를 공격하고 조비趙賁의 군사를 개봉에서 쳤으며, 양웅을 곡우④와 양무⑤에서 쳐서 12급級을 참수해 경卿의 작위를 하사받았다. 패공을 따라 패상霸上에 이르렀다.
>
> 陽陵侯①傅寬 以魏五大夫騎將 從爲舍人 起橫陽② 從攻安陽③杠里 擊趙賁軍於開封 及擊楊熊曲遇④陽武⑤ 斬首十二級 賜爵卿 從至霸上

① 陽陵侯양릉후

[집해] 〈지리지〉에는 풍익군 양릉현이라고 했다.

地理志云馮翊陽陵縣

[신주] 《사기지의》에서 말했다. "봉해진 호수戶數가 너무 적어 현縣에 봉해졌을 가능성이 없다. 그래서 양릉은 향이다. 양릉현은 경제의 릉陵을 조성하면서 생긴 현이니, 고조 때 양릉현이 있을 수 없다. 그렇다면 음릉陰陵이 맞을 것인데, 음릉은 구강군(회남군)에 있다. 더구나 〈장상명신연표〉에서 경제 6년에 잠매岑邁를 양릉후로 봉하고 있어 양릉후가 중복될

수 없으니, 음릉후가 맞다." 또 나중에 부언傳偃(부관의 후손)이 회남왕과 연루되어 제거당한 것을 보건대, 봉해진 땅이 회남군에 있는 것이 맞을 것이다.

② 橫陽횡양

[색은] 살펴보니 횡양은 읍 이름이다. 한韓에 있다. 한나라 공자 성成은 처음에 횡양군橫陽君에 봉해졌고, 장량이 세워서 한왕韓王으로 삼았다.
按 橫陽 邑名 在韓 韓公子成初封橫陽君 張良立爲韓王也

[정의] 《괄지지》에서 말한다. "옛 횡성은 송주 송성현 서남쪽 30리에 있는데 살펴보니 아마 횡양일 것이다."
括地志云故橫城在宋州宋城縣西南三十里 按 蓋橫陽也

③ 安陽안양

[정의] 《후위서》〈지형지〉에서 말한다. "기지己氏는 안양성에 있고 수나라는 기지를 고쳐서 초구楚丘라고 했다." 지금 송주 초구현 서쪽 10리에 있는 안양의 옛 성이 이곳이다.
後魏地形志云己氏有安陽城 隋改己氏爲楚丘 今宋州楚丘縣西十里安陽故城是也

④ 曲遇곡우

[정의] 曲의 발음은 '구[丘羽反]'이고 遇의 발음은 '옹[牛恭反]'이다. 사마표의 《속한서》〈군국지〉에서 말한다. "중모현에 곡우취가 있다." 살펴보니 정주의 중모현이다.
曲丘羽反 遇牛恭反 司馬彪郡國志云中牟有曲遇聚 按 鄭州中牟縣也

⑤ 陽武양무

[정의] 정주의 현이다.

鄭州縣

패공이 서서 한왕漢王이 되었고 한왕은 부관에게 공덕군共德君^①
이라는 호칭을 내렸다. 한왕을 따라 한중漢中으로 들어가 승진해
서 우기장右騎將이 되었다. 한왕을 따라서 삼진三秦을 평정하고 식
읍으로 조음雕陰^②을 하사받았다.

한왕을 따라 항적을 공격하고 한왕을 회懷 땅^③에서 기다려 통덕후
通德侯의 작위를 하사받았다. 한왕을 따라 항관項冠과 주란周蘭과
용저龍且를 공격했으며, 거느린 장졸들이 기장 한 명을 오창 땅
아래서^④ 베어 식읍을 더했다.

沛公立爲漢王 漢王賜寬封號共德君^① 從入漢中 遷爲右騎將 從定三秦
賜食邑雕陰^② 從擊項籍 待懷^③ 賜爵通德侯 從擊項冠周蘭龍且 所將卒
斬騎將一人敖下^④ 益食邑

---

① 共德君공덕군

[색은] 아름다운 호칭일 뿐이고 땅이나 읍은 아니다. 共의 발음은 '공恭'
이다.

謂美號耳 非地邑 共音恭

② 雕陰조음

집해 서광이 말했다. "상군에 속한다."

徐廣曰屬上郡

색은 살펴보니 맹강과 서광은 현 이름이고 상군에 속한다고 했다.

案 孟康 徐廣云縣名 屬上郡

정의 부주 낙교현 30리에 있는 조음의 옛 성이 이곳이다.

鄜州洛交縣三十里雕陰故城是也

③ 懷회

집해 복건이 말했다. "회에서 고제를 기다렸다."

服虔曰待高帝於懷

색은 살펴보니 복건은, 회현에서 고조를 기다린 것이라고 했다. 안사고
는 〈지리지〉를 살펴서 회는 하내에 속한다고 했는데, 지금의 회주이다.

按 服虔云待高祖於懷縣 小顏案地理志 懷屬河內 今懷州也

④ 敖下오하

집해 서광이 말했다. "오창의 아래이다."

徐廣曰 敖倉之下

회음후①에 소속되어 제나라 역하歷下의 군대를 격파하고 전해田解
를 공격했다. 상국相國② 조참曹參에게 소속되어 박博 땅③을 무찌
르고 식읍을 더했다. 그로 인해 제나라 땅을 안정시키고 부절을
쪼개 받아 대대로 단절되지 않게 했으며, 봉해져 양릉후陽陵侯가

되어④ 2,600호를 받고 지난날의 식읍은 없앴다.

제나라 우승상이 되어 제나라를 대비했다.⑤ 5년 만에 제나라 상
국相國이 되었다.⑥

屬淮陰① 擊破齊歷下軍 擊田解 屬相國②參 殘博③ 益食邑 因定齊地 剖
符世世勿絶 封爲陽陵侯④ 二千六百戶 除前所食 爲齊右丞相 備齊⑤ 五
歲爲齊相國⑥

① 淮陰회음

색은 장안이 말했다. "한신은 당시 상국相國이었으며, 회음후라고 한
것은 마지막 신분을 가지고 이른 것이다."

張晏云信時爲相國 云淮陰者 終言之也

② 相國상국

신주 여기 상국도 조참의 최종 관직을 앞당겨 기록한 것이다.

③ 博박

색은 박은 태산군의 현이다. 고비감이 말했다. "조참군에 속해 박현을
무찔렀다."

博 太山縣也 顧祕監云屬曹參 以殘破博縣也

④ 封爲陽陵侯봉위양릉후

신주 처음에 살폈듯이, 음릉후가 맞다.

⑤ 備齊비제

집해 장안이 말했다. "당시 전횡이 항복하지 않았다. 그래서 주둔하여 준비를 갖춘 것이다."

張晏曰 時田橫未降 故設屯備

정의 살펴보니 제왕齊王 한신의 상이 된 것이다.

按 爲齊王韓信相

⑥ 爲齊相國위제상국

정의 5년 만에 제나라 도혜왕悼惠王 유비劉肥의 승상이 되었다.

爲齊悼惠王劉肥相五歲也

4개월 만에, 진희를 쳐서 태위 주발에게 소속되었으며, 상국으로 승상 번쾌를 대신해 진희를 공격했다. 1개월 만에 옮겨서 대代의 상국이 되어 주둔군을 통솔했다.① 2년 만에 대代의 승상이 되어 주둔군을 거느렸다.

효혜제 5년에 죽었는데 시호를 경후景侯라고 했다. 아들 경후頃侯 정精이 즉위했다가 24년 만에 죽었다. 부정의 아들 공후共侯 칙則이 즉위했다가 12년 만에 죽었다. 부칙의 아들 후 언偃이 즉위했는데 31년 만에 회남왕의 모반에 연좌되었지만, 마침 죽었고 봉국이 없어졌다.

四月 擊陳豨 屬太尉勃 以相國代丞相噲擊豨 一月 從爲代相國 將屯 二歲 爲代丞相 將屯① 孝惠五年卒 謐爲景侯 子頃侯精立 二十四

年卒 子共侯則立 十二年卒 子侯偃立 三十一年 坐與淮南王謀反 死
國除

① 爲代相國 將屯위대상국 장둔

집해 여순이 말했다. "이미 상국相國이 되었는데, 경계할 것이 있어 군
졸을 거느리고 주둔해서 지킨 것이다." 살펴보니 율律에는 군사를 훈련시
키고 지키는 것을 둔屯이라고 이른다.

如淳曰旣爲相國 有警則將卒而屯守也 案 律謂勒兵而守曰屯

색은 여순이 말했다. "한나라 초기에 제후왕의 관속들은 한나라 조정
과 같았다. 그러므로 대代에도 승상을 두었다." 살펴보니 공문상이 말했
다. "변방의 군에 주둔병이 있는데 부관은 대代의 상국이 되어 아울러
둔병을 맡았는데, 나중에는 주둔지에 장군을 두어 군사를 거느렸다."

如淳云 漢初諸王官屬如漢朝 故代有丞相 案 孔文祥云 邊郡有屯兵 寬爲代相
國兼領屯兵 後因置將屯將軍也

신무후 근흡

신무후信武侯 근흡①은 중연中涓으로 패공을 따라 원구②에서 군사를 일으켜 제양③을 공격하였고, 이유李由의 군사를 쳐부수었다. 진秦나라 군사를 박호毫 땅의 남쪽과 개봉開封 땅의 동북쪽에서 공격해 기병 천인千人 장수④ 1명을 베고 57명의 수급을 얻고 73명의 포로를 잡아 작위를 하사받아 봉해져 임평군臨平君이라 불렸다.

또 남전 북쪽에서 싸워 거사마車司馬⑤ 두 명과 기병 우두머리⑥ 한 명을 죽였으며, 28명의 수급과 57명의 포로를 잡았다. 패상에 이르러 패공이 서서 한왕이 되자, 근흡에게 작위를 하사해 건무후建武侯라고 하고, 승진시켜 기도위騎都尉로 삼았다.

信武侯靳歙① 以中涓從 起宛朐② 攻濟陽③ 破李由軍 擊秦軍毫南開封東北 斬騎千人將④一人 首五十七級 捕虜七十三人 賜爵封號臨平君 又戰藍田北 斬車司馬⑤二人 騎長⑥一人 首二十八級 捕虜五十七人 至霸上 沛公立爲漢王 賜歙爵建武侯 遷爲騎都尉

① 歙흡

색은 歙의 발음은 '흡연翕然'의 '흡翕'이다.

歠音翕然之翕

② 宛朐원구

[정의] 앞 글자 宛의 발음은 '원[於元反]'이고, 뒷 글자 朐의 발음은 '구[求俱反]'이다. 조주의 현이다.

上於元反 下求俱反 曹州縣也

③ 濟陽제양

[정의] 조주 원구현 서남쪽 35리가 제양의 옛 성이다.

曹州宛朐縣西南三十五里濟陽故城

④ 騎千人將기천인장

[집해] 서광이 말했다. "장將은 다른 판본에는 '후候'로 되어 있다."

徐廣曰 將一作候

[신주] 천인千人은 기병장의 명칭이다.

⑤ 車司馬거사마

[집해] 장안이 말했다. "관의 수레를 주관한다."

張晏曰 主官車

⑥ 騎長기장

[집해] 장안이 말했다. "기병의 우두머리이다."

張晏曰 騎之長

한왕을 따라 삼진三秦을 평정했다. 별도로 서쪽으로 장평章平의 군대를 농서에서 공격해 쳐부수고 농서의 여섯 현을 평정했다. 거느린 장졸들이 거사마와 척후병 각 4명과 기병 장수 열두 명을 베었다. 한왕을 따라 동쪽으로 초나라를 공격해 팽성에 이르렀다. 한나라 군사가 패배하자 돌아와 옹구를 지켰으며, 옹구를 떠나서 반역자 왕무 등을 쳤다.

양梁 땅을 빼앗고 별장別將이 되어 형열邢說의 군대①를 재남薔南②에서 공격해 쳐부수었다. 이때 자신은 형열의 도위都尉 2명과 사마司馬와 척후병 12명을 붙잡았고, 항복한 관리와 병졸들은 4,180명이었다. 초나라 군대를 형양의 동쪽에서 쳐부수었다. 한나라 3년, 식읍으로 4,200호를 하사받았다.

從定三秦 別西擊章平軍於隴西 破之 定隴西六縣 所將卒斬車司馬候各四人 騎長十二人 從東擊楚 至彭城 漢軍敗還 保雍丘 去擊反者王武等 略梁地 別將擊邢說軍①薔南② 破之 身得說都尉二人 司馬候十二人 降吏卒四千一百八十人 破楚軍滎陽東 三年 賜食邑四千二百戶

① 邢說軍형열군

집해 장안이 말했다. "특별히 군사를 일으킨 자이다. 說의 발음은 '열悅'이다."

張晏曰 特起兵者也 說音悅

색은 형邢은 성이며, 열說은 이름이고 說의 발음은 '열悅'이다.

邢姓 說名 音悅

② 菑南재남

集解 서광이 말했다. "지금은 고성考城이라고 한다."

徐廣曰 今曰考城

索隱 앞 글자 菑의 발음은 '재災'이다. 지금 고성考城이라 하며 제음군에 속한다.

上音災 今爲考城 屬濟陰也

별도로 하내로 가서 조나라 장수 비석賁郝① 군대를 조가에서 공격해 쳐부수고, 거느린 장졸들은 기병 장수 두 명과 수레와 말 250필을 얻었다. 한왕을 따라 안양 동쪽을 공격해 극포棘蒲에 이르렀으며 7개의 현을 함락시켰다. 별도로 공격해 조나라 군대를 쳐부수고 그의 장군과 사마 2명과 척후병 4명을 얻었고 항복한 관리와 병졸들은 2,400명이었다.

한왕을 따라 한단을 공격해 함락시켰다. 별도로 평양平陽②을 함락시켰으며 자신이 수상守相을 참수했고 거느린 장졸들은 장병과 군수③ 각 1명을 베고 업鄴을 항복시켰다. 한왕을 따라 조가와 한단을 공격했고 별도로 조나라 군대를 공격해 쳐부수고 한단④ 6개 현을 항복시켰다.

別之河內 擊趙將賁郝①軍朝歌 破之 所將卒得騎將二人 車馬二百五十匹 從攻安陽以東 至棘蒲 下七縣 別攻破趙軍 得其將司馬二人 候四人 降吏卒二千四百人 從攻下邯鄲 別下平陽② 身斬守相 所將卒斬兵守郡守③各一人 降鄴 從攻朝歌邯鄲 及別擊破趙軍 降邯鄲④郡六縣

① 賁郝비석

집해 앞 글자 賁의 발음은 '비肥'이고, 뒷 글자 郝의 발음은 '석釋'이다.

上音肥 下音釋

색은 《한서》에는 '조비군趙賁軍'으로 되어 있다. 살펴보니 이곳은 하북에 있어 조참과 번쾌가 공격한 곳은 아니다.

漢書作趙賁軍 案 此在河北 非曹參樊噲之所擊也

② 平陽평양

집해 서광이 말했다. "업에 평양성이 있다."

徐廣曰 鄴有平陽城

정의 《괄지지》에서 말한다. "평양의 옛 성은 상주 임장현 서쪽 25리에 있다."

括地志云平陽故城在相州臨漳縣西二十五里

③ 兵守郡守병수군수

집해 맹강이 말했다. "장병과 군수이다."

孟康曰 將兵郡守

④ 邯鄲한단

집해 서광이 말했다. "한단은 고제가 고쳐 조국趙國이라고 했다."

徐廣曰 邯鄲 高帝改曰趙國

신주 한나라 3년 연초에 한신과 장이는 조나라 북쪽에서 공격하여 진여를 베고 조나라를 평정 중이었다. 근흡은 유방의 지시로 하내에서 한단 방면으로 조나라 남쪽을 따라 평정하여 한신 일행을 도왔다.

돌아와 오창에 주둔해 항우의 군대를 성고 남쪽에서 쳐부수고, 초나라 군량미 수송로를 공격해 차단시키는 것을 형양에서 일으켜 양읍까지 이르렀다. 항관項冠의 군대를 노나라 땅 아래서[1] 쳐부수었다. 땅을 공략하여 동쪽으로 증과 담郯과 하비[2]에 이르고 남쪽으로 기와 죽읍[3]에 이르렀다. 항한項悍을 제양 아래서 공격했다. 돌아와 항적을 진陳 땅 아래에서 공격해 쳐부수었다.

별도로 강릉을 평정하고 강릉의 주국柱國과 대사마 이하 8명에게 항복받고 자신은 강릉왕을 체포해[4] 산 채로 낙양에 보내면서 이어 남군南郡을 평정했다. 한왕을 따라 진陳에 이르러 초왕 한신韓信을 체포하고 부절을 쪼개 받아 대대로 단절되지 않게 했으며, 식읍은 4,600호로 확정하고 신무후信武侯라고 호칭했다.[5]

還軍敖倉 破項籍軍成皋南 擊絕楚饟道 起滎陽至襄邑 破項冠軍魯下[1] 略地東至繒郯下邳[2] 南至蘄竹邑[3] 擊項悍濟陽下 還擊項籍陳下 破之 別定江陵 降江陵柱國大司馬以下八人 身得江陵王[4] 生致之雒陽 因定南郡 從至陳 取楚王信 剖符世世勿絕 定食四千六百戶 號信武侯[5]

① 魯下노하
[정의] 노성 아래이고, 지금 연주 곡부현이다.
魯城之下 今兗州曲阜縣也

② 繒郯下邳증담하비
[색은] 〈지리지〉를 살펴보니 증繒은 동해군에 속한다.
案 地理志 繒屬東海

지금의 증성은 기주 승현에 있다. 하비는 사수현이다. 담현은 해주에 속한다.

今繒城在沂州丞縣 下邳泗水縣 郯縣屬海州

③ 蘄竹邑기죽읍

색은 기蘄와 죽竹은 두 읍의 이름이다. 앞 글자 蘄의 발음은 '기機'이다. 죽竹은 곧 죽읍이다.

蘄 竹 二邑名 上音機 竹卽竹邑

신주 기와 죽읍은 당시 초패왕의 수도 팽성彭城의 남쪽이니, 항우는 이미 최후까지 내몰려 팽성을 버리고 서쪽 진陳 일대에 집결하여 영수潁水를 따라 내려가 해하성亥下城까지 간 것으로 보인다.

④ 得江陵王득강릉왕

색은 살펴보니 공문상이 말했다. "공오의 아들 공위共尉이다."

案 孔文祥云共敖子共尉

신주 정식 명칭은 강릉왕이 아니라 '임강왕臨江王'이다.

⑤ 號信武侯호신무후

신주 〈고조공신후자연표〉에 따르면, 한나라 6년에 신무후가 되었다고 한다. 그러나 괴성후 주설周緤이 원래 6년에 신무후였다가 12년에 괴성후가 되었으므로, 근흡 역시 6년에 건무후建武侯로 있다가 12년에 신무후가 된 것이 옳을 것이다.

기도위 신분으로 고조를 따라 대代를 공격했으며 한왕 신을 평성
平城 아래에서 공격하고 돌아와 동원東垣에 주둔했다. 공로가 있
어서 승진하여 거기장군이 되어, 양梁, 조趙, 제齊, 연燕, 초楚의 거
기車騎를 합쳐 거느렸다. 별도로 진희의 승상 장敞[1]을 공격해 저
부수고 이에 따라 곡역曲逆을 투항시켰다.

고조를 따라 경포를 공격해 공로가 있어 식읍을 5,300호로 늘려
정하여 봉했다. 총 90명의 수급을 베고 132명을 포로로 잡았다.
별도로 14개의 군대를 격파했고 59개 성을 항복시켰다. 군국 각 1
곳과 23개 현을 평정했다. 왕王과 주국柱國 각 1명, 2,000석 이하
에서 500석에 이르는[2] 관리 39명을 생포했다.

고후 5년에 근흡이 죽었다. 시호를 숙후肅侯라고 했다. 아들 정亭
이 후작을 대신했다. 21년 만에 봉국 사람들을 법률을 넘어 부린
일에 걸려,[3] 효문제 후3년에 후작을 빼앗기고 봉국이 없어졌다.

以騎都尉從擊代 攻韓信平城下 還軍東垣 有功 遷爲車騎將軍 幷將梁
趙齊燕楚車騎 別擊陳豨丞相敞[1] 破之 因降曲逆 從擊黥布有功 益封定
食五千三百戶 凡斬首九十級 虜百三十二人 別破軍十四 降城五十九
定郡國各一 縣二十三 得王柱國各一人 二千石以下至五百石[2]三十九
人 高后五年 歙卒 謚爲肅侯 子亭代侯 二十一年 坐事國人過律[3] 孝文
後三年 奪侯 國除

① 敞창

색은 안사고가 말했다. "후 창敞이다"

小顔云侯敞

② 下至五百石하지오백석

집해 서광이 말했다. "어떤 판본에는 이 다섯 자가 없다."

徐廣曰 一本無此五字

③ 坐事國人過律좌사국인과율

색은 살펴보니 유씨가 말했다, "사事는 부리는 것이다. 사람을 부리는 데 법률을 어긴 것이 수없이 많았음을 이른다."

案 劉氏云事 役使也 謂使人違律數多也

괴성후 주설

괴성후蒯成侯 설攝은[1] 패 땅 사람이며, 성은 주씨周氏이다. 항상
고조高祖의 참승參乘이 되었다. 사인舍人으로 고조를 따라 패에서
봉기했다. (고조를 따라) 패상에 이르렀고 서쪽으로 촉蜀과 한중으로
들어갔다가 돌아 나와 삼진三秦을 평정하고 지양池陽[2]을 식읍으
로 했다.

동쪽에서 (항우의) 용도甬道를 단절시키고 고조를 따라 나가 평음
을 건너서 회음후의 군대를 양국襄國에서 만났으며, 군사가 잠깐
은 유리하고 잠깐은 불리하였어도 끝까지 주상의 마음에서 떨어
지지 않았다.[3] 이에 주설을 신무후信武侯로 삼고 3,300호를 식읍
으로 했다. 고조 12년에 주설을 괴성후로 삼았고[4] 지난날의 식
읍은 모두 없앴다.

蒯成侯攝者[1] 沛人也 姓周氏 常爲高祖參乘 以舍人從起沛 至霸上 西
入蜀漢 還定三秦 食邑池陽[2] 東絶甬道 從出度平陰 遇淮陰侯兵襄國
軍乍利乍不利 終無離上心[3] 以攝爲信武侯 食邑三千三百戶 高祖十二
年 以攝爲蒯成侯[4] 除前所食邑

① 蒯成侯緤者괴성후설자

복건이 말했다. "蒯의 발음은 '간괴菅蒯'의 '괴蒯'이다."

服虔曰 蒯音菅蒯之蒯

성은 주周이고 이름은 설緤이다. 緤의 발음은 '설薛'이다. 괴蒯는 향鄕 이름이다. 살펴보니《삼창》에서 말한다. "괴향은 성보현에 있고, 蒯의 발음은 '배裴'이다."《한서》에는 배郳로 되어 있고, 뜻은 붕崩과 읍邑을 따랐다. 지금의 책 판본에는 모두 괴蒯로 되어 있고 蒯의 발음은 간괴菅蒯의 '괴蒯'라고 라고 한 것은 잘못이다. 소림은 蒯의 발음은 '뵈[簿催反]'라고 했다. 진작은《한서》〈공신표〉를 살펴서 장사군에 속한다고 했다. 최호는 蒯의 발음은 '뵈[簿壞反]'라고 했다.《초한춘추》에는 '빙성후憑成侯'로 되어 있는데, 배와 빙은 소리가 서로 비슷해 이것이 그 진실을 얻은 것이다.

姓周 名緤 音薛 蒯者 鄕名 案 三蒼云 蒯鄕在城父縣 音裴 漢書作郳 從崩 從邑 今書本竝作蒯 音菅蒯之蒯 非也 蘇林音簿催反 晉灼案功臣表 屬長沙 崔浩音簿壞反 楚漢春秋作 憑成侯 則裴憑聲相近 此得其實也

《괄지지》에서 말한다. "괴정蒯亭은 하남 서쪽 14리 원중苑中에 있다.《여지지》에서 '괴성현은 옛 진창현의 옛 향鄕 취락 명칭이며, 주설周緤을 봉한 곳이다.'라고 했다. 진무제 함녕咸寧 4년에 진창을 분리해 괴성현을 설치하고 시평군에 속하게 했다."

括地志云 蒯亭在河南西十四里苑中 輿地志云 蒯成縣故陳倉縣之故鄕聚名也 周緤所封也 晉武帝咸寧四年 分陳倉立蒯成縣 屬始平郡也

《진서》〈지리지〉에는 괴성蒯成이 아니라 괴성蒯城이라 하여 다르다. 또 사마정은〈고조공신후자연표〉에 주석하여,《진서》〈지도기〉에는 북지군에 속한다고 했다.

② 池陽지양

[정의] 옹주雍州 경양현 서북쪽 3리 지양의 옛 성이 이곳이다.

雍州涇陽縣西北三里池陽故城是也

③ 終無離上心종무리상심

[집해] 서광이 말했다. "괴성후는 〈고조공신후자연표〉에서, 회음후의 군대를 양국襄國에서 만났고 초나라와 한나라가 홍구鴻溝를 기준으로 나눌 것을 약속할 때 신무후(수설)을 보증으로 삼았다. 전황이 불리해져도 감히 주상을 떠나지 않았다고 한다."

徐廣曰 蒯成侯 表云遇淮陰侯軍襄國 楚漢約分鴻溝 以緤爲信武侯 戰不利 不敢離上

[신주] 〈고조공신후자연표〉 및 《한서》〈공신표〉에 모두 '以緤爲信'이라 했다. [집해]의 주석에서 서광은 '以緤爲信武侯'라 하여 '武侯'가 덧붙여졌으며, 본문은 '武侯'를 제외하고 번역하였다.

④ 十二年 以緤爲蒯成侯십이년 이설위괴성후

[신주] 앞서 〈근흡열전〉에서 근흡이 건무후로 있다가 신무후가 된 것이 이 시점이다. 주설이 이때까지 계속 신무후로 있었기 때문이다.

주상이 직접 진희를 치려고 할 때 괴성후는 울면서 말했다. "처음 진秦나라가 천하를 공격해 쳐부술 때 (주상이) 일찍이 직접 가지 않았습니다. 지금 주상께서는 항상 몸소 행하시는데 이것은 시킬 만한 사람이 없어서입니까?"

주상은 주설이 자신을 아낀다고 여기고, 궁문에 들어서면 종종걸음으로 빨리 걷지 않아도 되고 사람을 죽여도 사형하지 않는다는 특전을 내렸다.

효문제 5년에 이르러 주설이 천수를 다하고 죽자 시호를 정후貞侯[1]라고 했다. 아들 창昌이 후작을 대신했는데 죄가 있어서 봉국이 없어졌다. 효경제 중2년에 이르러, 주설의 아들 거居를 봉해 후작을 잇게 했다.[2] 무제 원정 3년에 이르러, 거居는 태상太常이 되었는데 죄가 있어서 봉국이 없어졌다.[3]

上欲自擊陳豨 酅成侯泣曰 始秦攻破天下 未嘗自行 今上常自行 是爲無人可使者乎 上以爲愛我 賜入殿門不趨 殺人不死 至孝文五年 緤以壽終 諡爲貞侯[1] 子昌代侯 有罪 國除 至孝景中二年 封緤子居代侯[2] 至元鼎三年 居爲太常 有罪 國除[3]

① 貞정

정의 시호는 존후尊侯가 된다. 다른 판본에는 '탁卓'으로 되어 있다.

諡爲尊侯 一作卓

신주 〈고조공신후자연표〉에 시호는 존尊이고 《한서》〈공신표〉에는 제制이다. 여기처럼 정후가 맞을 것이다.

② 緤子居代侯설자거대후

집해 서광이 말했다. "〈고조공신후자연표〉에는 '경제 중원년에 주설의 아들 주응周應을 봉해 단후酅侯로 삼았고 시호는 강康이다. 중2년에 후侯 거居가 섰다.'고 한다. 패군에 운현이 있다. 운鄲은 다른 판본에는 '단鄲'으로 되어 있다."

徐廣曰 表云孝景中元年 封縷子應爲鄲侯 謚康 中二年 侯居立 沛郡有鄲縣 鄲 一作鄲

색은 鄲의 발음을 소림은 '다多'라고 했고, 진국陳國에 속한다. 〈지리지〉에는 패군에 단현이 있다고 하였다. 살펴보니 이 문장에서는 아들 거居라 했지만 〈고조공신후자연표〉에는 아들 응應이라 했으니 같지 않다.

鄲 蘇林音多 屬陳國 地埋志云沛郡有鄲縣 案 此文云子居 表云子應 不同也

신주 대체적으로 서광의 주석이 맞는 것으로 보인다. 다만 패군의 현은 단鄲이 맞으며, 거居 대신에 〈고조공신후자연표〉에는 중거中居, 《한서》〈공신표〉에는 중거仲居라고 했다. 종합적으로 주설의 작은 아들 응應이 단후가 되었고 손자 주중거에 이르러 봉국을 잃은 것이다.

③ 有罪 國除유죄 국제

신주 《한서》〈공신표〉에는 이 뒤로도 두 번을 반복하며 주설의 후손이 봉국을 얻고 또 잃었다고 한다. 자세한 것은 〈공신표〉를 참고하라.

태사공은 말한다.
양릉후 부관과 신무후 근흡은 모두 높은 작위[1]를 받았는데, 고조를 따라 산동山東에서 일어나 항적을 공격하고 명장들을 주살하며 군대를 쳐부수고 성을 항복시킨 것이 수십여 건이었으나

일찍이 곤욕스러움을 당하지 않았으니 이것 또한 하늘에서 준 것
이다. 괴성후 주설은 마음을 부여잡고② 바름을 지켜 스스로 의
심을 받지 않았다. 주상이 출정하려 하면 일찍이 눈물을 흘리지
아니함이 없었다. 이것은③ 마음 아파하는 것이 있어야 그러는 것
이니 돈독한 군자君子라고 이를 만하다.

太史公曰 陽陵侯傅寬信武侯靳歙皆高爵① 從高祖起山東 攻項籍 誅殺
名將 破軍降城以十數 未嘗困辱 此亦天授也 蒯成侯周緤操心②堅正 身
不見疑 上欲有所之 未嘗不垂涕 此③有傷心者然 可謂篤厚君子矣

① 高爵고작
집해 서광이 말했다. "어떤 판본에는 '고高' 자가 없다. 또 어떤 판본에
는 '모두 고조를 따라[從高祖]'로 되어 있다."
徐廣曰 一無高字 又一本皆從高祖

② 操조
색은 操의 발음은 '초[倉高反]'이다.
操音倉高反

③ 此차
집해 서광이 말했다. "차此는 다른 판본에는 '비比'로 되어 있다."
徐廣曰 此一作比

사마정이 펼쳐서 밝히다.

양릉후와 신무후는 머리카락을 묶고 한왕을 따랐다. 사람의 꾀가 움직여 어울리니 실로 하늘이 도와 공을 이뤘다. 제나라를 평정하고 항우를 격파함에 우리 군대는 항상 으뜸이었다. 괴성후는 인질로 낳겨졌고 편하고 험한 것에 마음이 흔들리지 않았다. 주상은 충성이라 칭찬했고 신하는 팔뚝을 움켜쥐었구나!

陽陵信武 結髮從漢 動叶人謀 功實天贊 定齊破項 我軍常冠 削成委質 夷險不亂 主上稱忠 人臣扼腕

사기 제99권 史記 卷九十九

유경숙손통열전 劉敬叔孫通列傳

사기 제99권 유경숙손통열전 제39

史記卷九十九 劉敬叔孫通列傳第三十九

신주 유경劉敬과 숙손통叔孫通은 한나라 건국 초기에 국가의 기틀을
세우는 데 큰 공을 세웠던 인물이다. 유경의 진언으로 고조가 흉노와 화
평한 것과 숙손통의 제안으로 궁중예절을 제정한 것 등이 기술되어 있다.

유경劉敬은 제나라 사람으로 전한시대의 관료이다. 유경은 국경 파수
병으로 낙양을 지나다가 유방을 만나게 된다. 이때 그는 낙양洛陽을 수
도로 삼았던 주周나라와 한나라의 차이를 말하고 한나라 왕조의 도읍을
천연의 요해인 장안長安에 세울 것을 진언하는데, 군신 대부분은 진秦나
라가 단명했고 주나라가 오랫동안 지속했던 점을 들어 낙양을 추천한다.
그러나 장량張良이 장안을 추천하자 유방은 장안으로 결정하지만, 도읍
을 추천한 공으로 유경은 유성劉姓을 하사받는다. 이에 누경婁敬이라는
본래 이름에서 유경劉敬으로 바뀐 것이다.

한왕韓王 신信이 모반하자, 보고를 들은 유방은 그를 토벌했지만, 한왕
신이 흉노와 손을 잡았다는 말을 듣고 흉노에 사자들을 보낸다. 흉노는
장사壯士나 양마良馬는 숨기고, 노약자나 여윈 가축만 사자들에게 보여
준다. 이를 목격한 사자들은 흉노를 매우 업신여기며 유방에게 흉노를
공격하라고 진언한다. 그러나 사자 중에 유경은 "국가가 싸울 때는 자기

나라의 좋은 곳을 상대에게 보여주고 자랑하는 법이지만 흉노는 노약자나 여윈 가축만 보여줬습니다. 이는 고의로 그렇게 해서 복병으로 승리하려는 술책입니다. 흉노를 공격하는 일은 멈춰야 합니다."라고 진언했다. 그러나 이때 유방은 병력 20만 명을 준비시켜 놓고 유경을 구속해버린다. 그러나 흉노를 향해 나아갔던 유방은 평성平城에서 흉노의 복병에게 포위되었다가 우여곡절을 겪고 풀려나 도읍으로 돌아와서 유경에게 흉노에 대한 대책을 물으니, 그는 한漢나라 적실의 공주를 묵돌선우冒頓單于에게 시집보내 흉노를 신하로 삼게 하라고 진언한다. 이에 유방은 구속을 풀고 유경을 사자로 삼아 흉노에 보내 화친을 맺는다. 이처럼 유경은 군신群臣의 반대를 무릅쓰고 직언을 했고, 고조는 유경의 말을 받아들임으로서 판단을 그르치지 않을 수 있었다.

숙손통叔孫通은 노나라 설군薛郡 설현薛縣 사람으로 전한시대의 관료이다. 그는 진나라 이세二世 황제를 시작으로 초나라 항량項梁을 따랐고, 항량이 전사하자 초나라 회왕懷王을 따랐으며, 회왕이 항우項羽에게 암살되자 이번에는 항우를 섬겼다. 그리고 항우의 전황이 나빠지자 한나라 고조에게 들어감으로써 주군에게만 아첨하는 어용학자, 변절한이라는 수식어가 붙는다. 하지만 유방은 그의 문재文才를 좋게 평가해서 받아들인다.

유방이 한漢나라의 황제가 되자 유방은 신하들과 술을 마시면서 논쟁하고 떠들며, 칼로 궁중의 기둥을 두드리는 등의 무례한 행동에 불만을 갖게 된다. 이를 안 숙손통이 고조에게 궁중 예절의 제정을 제안하고,

노나라 고향으로 가서 유학자를 장안으로 데려와 궁중예절을 정립하고
실천한다. 고조는 숙손통이 제정한 궁중예절을 이용하여 신년 궁정회
의를 진행하며 매우 만족해하고, 숙손통을 태상太常으로 임명하는데,
왕조 예법의 기초를 닦은 공석을 인정한 것이다.

장안에 도읍하게 한 유경

유경劉敬[1]은 제나라 사람이다. 한나라 5년, 농서隴西로 수자리를 살러 가면서 낙양을 지나가게 되었는데 고조가 (그곳에) 머물러 있었다. 누경은 수레 가로막대[2]를 걷어치우며 양가죽 옷을 입고 제나라 사람 우장군虞將軍을 만나서 말했다.

"신은 원컨대 주상을 뵙고 편리한 일을 말씀드리고자 합니다."

우장군이 고운 옷[3]을 주려고 하자 누경이 말했다.

"신이 비단옷을 입을 만하면 비단옷을 입고 뵙고, 갈포옷을 입을 만하면 갈포옷을 입고 뵙는 것입니다. 끝까지 감히 옷을 갈아입지 않겠습니다."

이에 우장군이 들어가서 주상에게 말했다. 주상이 불러 들여서 만나보고 음식을 하사했다.

劉敬者[1] 齊人也 漢五年 戌隴西 過洛陽 高帝在焉 婁敬脫輓輅[2] 衣其羊裘 見齊人虞將軍曰 臣願見上言便事 虞將軍欲與之鮮衣[3] 婁敬曰 臣衣帛 衣帛見 衣褐 衣褐見 終不敢易衣 於是虞將軍入言上 上召入見 賜食

① 劉敬者유경자

색은 경敬의 본래 성은 누婁이다.《한서》에는 누경婁敬으로 되어 있다. 고조가 '누婁는 곧 유劉이다.'라고 했다. 그래서 성을 유劉로 삼았을 따름이다.

敬本姓婁 漢書作婁敬 高祖曰婁卽劉也 因姓劉耳

② 輓輅만핵

집해 소림이 말했다. "한 나무를 녹거 앞에 가로질러 놓은 것으로 한 사람이 민다." 맹강이 말했다. "輅의 발음은 '혁[胡格反]'이다. 輓의 발음은 '만晩'이다."

蘇林曰 一木橫鹿車前 一人推之 孟康曰 輅音胡格反 輓音晩

색은 만輓은 끈다는 뜻이다. 輓의 발음은 '만晩'이다. 핵輅은 녹거 앞에 가로질러 놓은 나무로, 두 사람이 앞에서 끌고 한 사람이 뒤에서 민다. 輅의 발음은 '혁[胡格反]'이다.

輓者 牽也 音晩 輅者 鹿車前橫木 二人前輓 一人後推之 音胡格反

③ 鮮衣선의

색은 앞 글자 鮮의 발음은 '선仙'이다. 선의는 아름다운 옷이다.

上音仙 鮮衣 美服也

이윽고 고조가 누경에게 묻자, 누경이 설명해서 말했다.
"폐하께서는 낙양에 도읍하고 계시는데 설마 주나라의 왕실과 융성함을 견주어 보려고 하시는 것입니까?"

주상이 말했다.

"그렇소."

누경이 말했다.

"폐하께서 천하를 취하신 것은 주나라 왕실과는 다릅니다. 주나라 선조는 후직后稷에서 시작하는데 요임금이 그를 태邰에 봉해서[1] 덕을 쌓고 선을 쌓은 지가 10여 대가 되었습니다. 공류公劉는 걸桀을 피해서 빈豳에서 살았습니다. 태왕太王은 적狄의 침략 때문에 빈 땅을 떠나 지팡이와 말채찍[2]을 가지고 기岐에 살았는데 나라 사람들이 다투어 따랐습니다.

문왕文王이 서백이 됨에 이르자 우나라와 예나라의 송사를 판단했으며, 비로소 천명을 받아 태공망太公望 여상呂尙과 백이伯夷가 바닷가에서 와서 귀의했습니다.[3] 무왕이 은나라 주紂를 정벌할 때 정벌하려는 날짜를 정한 것도 아니었는데 맹진孟津 위에 800명 제후들이 모여서 모두 주紂를 토벌하는 것이 좋다고 말해 마침내 은나라를 멸했습니다.

已而問婁敬 婁敬說曰 陛下都洛陽 豈欲與周室比隆哉 上曰 然 婁敬曰 陛下取天下與周室異 周之先自后稷 堯封之邰[1] 積德累善十有餘世 公劉避桀居豳 太王以狄伐故 去豳 杖馬箠[2]居岐 國人爭隨之 及文王爲西伯 斷虞芮之訟 始受命 呂望伯夷自海濱來歸之[3] 武王伐紂 不期而會孟津之上八百諸侯 皆曰紂可伐矣 遂滅殷

① 封之邰봉지태

정의 邰의 발음은 '태胎'이다. 옹주 무공현 서남쪽 23리에 있는 옛

채성釐城이 이곳이다. 《설문》에서 말한다. "태邰는 염제의 후예이고 강성
姜姓에 봉해진 국가이며 기棄의 외가다." 모장이 말했다. "태邰는 강원의
나라이며 요임금이 하늘을 보는데 태에 인하였고 (강원은) 후직을 낳았다.
그러므로 태에 봉했다."

邰音胎 雍州武功縣西南二十三里故釐城是也 說文云 邰 炎帝之後 姜姓所封國
棄外家也 毛萇云 邰 姜嫄國 堯見天因邰而生后稷 故因封於邰也

② 馬箠마추

집해 장안이 말했다. "말채찍으로 약속을 내비쳤다는 말이다."

張晏曰 言馬箠示約

③ 呂望伯夷自海濱來歸之여망백이자해빈래귀지

정의 여망의 집과 사당은 소주 해염현 서쪽에 있다. 백이의 고죽국은
평주에 있다. 모두 동해의 물가이다.

呂望宅及廟在蘇州海鹽縣西也 伯夷孤竹國在平州 皆濱東海也

> 성왕成王이 즉위하자 주공周公의 무리는 돕고 보좌해 성주成周
> 의 낙읍洛邑①을 경영해 이로써 천하의 중심으로 삼았습니다.
> 제후들이 사방에서 공물을 바치고 길이 고르게 되었습니다. 덕
> 이 있으면 왕을 하기가 쉽고 덕이 없으면 망하기가 쉬운 곳입니
> 다. 무릇 이곳에 머문 것은 주나라처럼 덕으로 사람들을 이르
> 게 함에 힘쓰게 하려는 것이고, 험한 지형에 의지해 후세들로

하여금 교만하고 사치해서 백성을 학대하지 못하도록 한 것이었습니다.

주나라의 성대한 때에 이르러서는 천하가 화합하고 사방의 외지인들이 가르침으로 향해 주나라의 의義를 사모하고 덕을 품어 달라붙어서[2] 함께 천자를 섬겼습니다. 군졸 하나도 주둔시키지 않았고 군사 하나도 싸우지 않았지만, 팔방의 외지인과 대국大國의 백성도 빈객으로 복종하지 않는 자가 없었으며 그 공물과 직분을 바쳤습니다.

주나라가 쇠약함에 이르자 나뉘어 두 쪽이 되어[3] 천하에서 조회를 하지 않아도 주나라는 통제하지 못했습니다. 그것은 덕이 얄팍해진 것이 아니라 형세가 약해졌기 때문입니다.

成王卽位 周公之屬傅相焉 迺營成周洛邑[1] 以此爲天下之中也 諸侯四方納貢職 道里均矣 有德則易以王 無德則易以亡 凡居此者 欲令周務以德致人 不欲依阻險 令後世驕奢以虐民也 及周之盛時 天下和洽 四夷鄕風 慕義懷德 附離[2]而竝事天子 不屯一卒 不戰一士 八夷大國之民 莫不賓服 效其貢職 及周之衰也 分而爲兩[3] 天下莫朝 周不能制也 非其德薄也 而形勢弱也

① 成周洛邑성주낙읍

정의 《괄지지》에서 말한다. "옛 왕성은 일명 하남성이다. 본래는 겹욕郟鄏이며 주공이 세운 것으로 낙주 하남현 북쪽 9리의 원중苑中 동북쪽 모퉁이에 있다. 《제왕기》에서 '무왕이 주紂를 정벌하고 낙읍을 경영해 정鼎을 안치하려고 했다.'고 한다." 살펴보니 이는 곧 도성을 경영한 것이다.

《상서》에서 "이에 성주를 세웠다."고 한 것이다. 《괄지지》에서 말한다. "낙양의 옛 성은 낙주 낙양성 동쪽 26리에 있고, 주공이 세운 것으로 곧 성주성成周城이다. 《상서서尙書序》에서 '성주가 이미 이루어지니 은나라의 완고한 백성을 옮겼다.'라고 했다. 《제왕세기》에서는 '비용邨鄘의 백성을 살게 했다.'라고 했다." 살펴보니 유경은 주나라의 아름다움을 설명한 것이지 어찌 완고한 백성이 사는 곳을 말했겠는가? 이로써 논하건대 《상서서》는 틀렸다.

括地志云 故王城一名河南城 本郊鄘 周公所築 在洛州河南縣北九里苑中東北隅 帝王紀云武王伐紂 營洛邑而定鼎焉 按 此卽營都城也 書云 乃營成周 括地志云 洛陽故城在洛州洛陽城東二十六里 周公所築 卽成周城也 尙書〔序〕曰 成周旣成 遷殷頑民 帝王世紀云 居邨鄘之衆 按 劉敬說周之美 豈言居頑民之所 以此而論 (漢書)〔書序〕非也

② 附離부리

색은 《장자》에서 말한다. "달라붙게 하는 것은 아교나 옻칠로 하지 않는다."

莊子曰 附離不以膠漆也

정의 살펴보니 떨어지는 것을 서로 달라붙게 함을 이른다. 뜻이 《장자》에 보인다.

案 謂使離者相附也 義見莊子

③ 分而爲兩분이위양

정의 《공양전》에서 말한다. "동주東周는 어떤 곳인가? 성주다. 서주西周는 어떤 곳인가? 왕성이다." 살펴보니 주나라는 평왕平王이 동쪽으로 천도한 이래 이하의 12왕이 모두 왕성에 도읍했고, 경왕敬王에 이르러 곧 성주成周로 도읍을 옮겼으며, 왕 난赧도 왕성에 거처했다.

公羊傳云 東周者何 成周也 西周者何 王城也 按 周自平王東遷 以下十二王皆都王城 至敬王乃遷都成周 王赧又居王城也

지금 폐하께서는 풍패에서 군사를 일으켜 군졸 3,000명을 수습해 지름길로 가서 촉과 한중을 석권하고 삼진三秦을 평정했으며 항우와 더불어 형양에서 싸우고 성고의 입구에서 다투어 70여 번의 큰 전투와 40여 번의 작은 싸움을 하여, 천하 백성의 간과 뇌를 땅에 바르고 아버지와 아들의 해골이 들판에 드러나게 한 것은 이루 셀 수가 없습니다. 통곡하는 소리가 끊이지 아니하고 다친 자가 일어나지 못하고 있습니다.

성왕成王과 강왕康王의 융성한 때와 비교하고자 하신다면, 신은 가만히 짝하지 못할 것이라 생각됩니다. 또 진나라 땅은 산에 둘러싸여 있고 하수를 두르고 있어 사방이 막혀 견고해 갑자기 위급한 일이 있어도 백만 군사를 배치할 수 있는 곳입니다. 진나라 옛 수도를 따른다면 본바탕이 매우 아름답고 기름진 땅으로, 이것을 이른바 하늘의 창고라고 합니다.[1]

폐하께서 관중으로 들어가 도읍한다면 산동 땅이 비록 어지러워지더라도 진나라 옛 땅을 온전하게 보존하여 가질 수 있습니다. 대저 사람이 서로 싸울 때 그 상대방의 목을 조르고[2] 그의 등을 치지 않는다면, 그 승리를 온전히 할 수 없습니다. 지금 폐하께서

> 관중으로 들어가 도읍을 정해 진나라 옛 땅에 안주한다면 이것
> 은 또한 천하의 목을 누르고 그 등을 치는 것입니다."

今陛下起豐沛 收卒三千人 以之徑往而卷蜀漢 定三秦 與項羽戰滎陽
爭成皐之口 大戰七十 小戰四十 使天下之民肝腦塗地 父子暴骨中野
不可勝數 哭泣之聲未絶 傷痍者未起 而欲比隆於成康之時 臣竊以爲
不侔也 且夫秦地被山帶河 四塞以爲固 卒然有急 百萬之衆可具也 因
秦之故 資甚美膏腴之地 此所謂天府者也^① 陛下入關而都之 山東雖亂
秦之故地可全而有也 夫與人鬬 不搤其亢^② 拊其背 未能全其勝也 今陛
下入關而都 案秦之故地 此亦搤天下之亢而拊其背也

① 天府者也천부자야

색은 살펴보니 《전국책》에서 소진이 혜왕惠王에게 유세하여, 대왕의
나라는 지세가 유리하니 이것을 이른바 하늘의 곳간이라 한다고 했다.
고유의 주석에서 부府는 '모이는 것'이라 했다.

案 戰國策蘇秦說惠王曰大王之國 地勢形便 此所謂天府 高誘注云府聚也

② 不搤其亢불액기항

집해 장안이 말했다. "항亢은 목구멍이다."

張晏曰 亢 喉嚨也

색은 搤의 발음은 '액戹'이다. 亢의 발음은 '항[胡朗反]'인데, '항[胡剛反]'
이라고도 한다. 소림은 항亢은 목의 큰 줄기인데, 세속에서는 이른바 호
맥胡脈이라 부른다고 했다.

搤音戹 亢音胡朗反 一音胡剛反 蘇林以爲亢 頸大脈 俗所謂胡脈也

고제는 여러 신하에게 물었는데, 여러 신하는 모두 산동 사람들이었으므로, 다투어 말하여 주나라는 수백 년간 왕을 했고 진나라는 2세 만에 곧 망했다고 하면서 성주에 도읍하는 것만 같지 못하다고 했다. 주상은 머뭇거리며 결정하지 못했다. 유후留侯가 관중으로 들어가는 것이 편리하다고 분명하게 말하자 그날로 수레를 타고 서쪽으로 가서 관중에 도읍했다.[①] 이에 주상이 말했다.

"본래 진나라 땅에 도읍을 정하라고 말한 자는 누경婁敬이다. '누婁'는 곧 '유劉'이다. 유씨 성을 하사하고 제수해 낭중郎中으로 삼는다. 호를 봉춘군奉春君이라고 하라.[②]"

高帝問群臣 群臣皆山東人 爭言周王數百年 秦二世卽亡 不如都周 上疑未能決 及留侯明言入關便 卽日車駕西都關中[①] 於是上曰 本言都秦地者婁敬 婁者乃劉也 賜姓劉氏 拜爲郎中 號爲奉春君[②]

① 西都關中서도관중

색은 살펴보니 그날로 서쪽에 도읍할 계획을 정했음을 이른다.

案 謂卽日西都之計定也

② 號爲奉春君호위봉춘군

색은 살펴보니 장안이 말했다. "봄은 한 해의 시작인데, 처음으로 관중에 도읍할 계책을 냈으므로 봉춘군이라고 호칭한 것이다."

案 張晏云春爲歲之始 以其首謀都關中 故號奉春君

한나라 7년, 한왕 신이 반역하자 고제高帝가 직접 가서 쳤다. 진양에 이르러 한왕 신이 흉노와 함께 한나라를 공격하려 한다는 소문을 듣고 주상은 크게 노하면서 사람을 시켜 흉노에 사신으로 보냈다. 흉노는 장사와 살찐 우마를 숨기고 다만 늙고 허약하고 여윈 가축만[1] 보여주었다. 사신들 십여 명의 무리가 돌아와서 모두 흉노를 칠 만하다고 말했다. 주상은 유경을 시켜서 다시 흉노에 사신으로 가게 했는데 (유경이) 돌아와서 보고했다.

"두 나라가 서로 공격하려고 할 때에는 마땅히 자기들의 장점을 드러내 보이고 자랑하는[2] 것입니다. 지금 신이 갔는데 다만 여원[3] 노약자만을 보았습니다. 이것은 반드시 단점을 보여서 복병으로 기습해 이로움을 다투려고 하는 것입니다. 어리석은 신의 생각으로는 흉노를 공격하는 것이 불가하다고 여깁니다."

漢七年 韓王信反 高帝自往擊之 至晉陽 聞信與匈奴欲共擊漢 上大怒 使人使匈奴 匈奴匿其壯士肥牛馬 但見老弱及羸畜[1] 使者十輩來 皆言匈奴可擊 上使劉敬復往使匈奴 還報曰 兩國相擊 此宜夸矜[2]見所長 今臣往 徒見羸瘠[3]老弱 此必欲見短 伏奇兵以爭利 愚以爲匈奴不可擊也

① 羸畜이축

[정의] 앞 글자 羸의 발음은 '뤼[力爲反]'이고 뒷 글자 畜의 발음은 '후[許又反]'이다.

上力爲反 下許又反

[신주] 이축은 여윈 가축이다.

② 夸矜과궁

집해 위소가 말했다. "과夸는 넓히는 것이고, 긍矜은 크게 하는 것이다."

韋昭曰 夸 張 矜 大也

③ 羸瘠이척

색은 앞 글자 羸의 발음은 '뤼[力爲反]'이고, 瘠의 발음은 '직稷'이다. 척瘠은 여윈 것이다.《한서》에는 자胔로 되어 있고, 胔의 발음은 '지漬'이다. 자胔는 고기라는 뜻이므로 아마 틀렸을 것이다.

上力爲反 瘠音稷 瘠 瘦也 漢書作胔 音漬 胔 肉也 恐非

신주 胔는 '썩은 고기' 또는 '여윈'이라는 뜻이 있으므로 틀린 말이 아니다.

이때 한나라 군사는 이미 구주句注[①]를 넘어 20여 만의 군사가 이미 행군 중이었다.[②] 주상이 노하여 유경을 꾸짖어 말했다.

"제나라 종놈아! 입과 혀로 관직을 얻고 지금 망령된 말로 우리의 군사를 저지시키는[③] 것인가?"

이에 유경을 형틀에 묶어서 광무廣武[④]에 가두었다. 마침내 가서 평성平城에 이르렀는데, 흉노는 과연 기습병을 내보내 고제를 백등白登에서 포위해 7일간이나 갇힌 연후에 포위에서 풀려났다. 고제는 광무에 이르러 유경을 용서하고 말했다.

"내 공公의 말을 쓰지 않아 평성에서 곤욕을 당했소. 나는 지난 날 흉노를 칠 수 있다고 말한 10여 명의 사신들을 모두 이미 참수했소."

이에 유경을 2,000호에 봉하고 관내후로 삼았으며 건신후建信侯
라 부르게 했다.⑤

是時漢兵已踰句注① 二十餘萬兵已業行② 上怒 罵劉敬曰 齊虜 以口舌
得官 今迺妄言沮③吾軍 械繫敬廣武④ 遂往 至平城 匈奴果出奇兵圍高
帝白登 七日然後得解 高帝至廣武 赦敬 曰 吾不用公言 以困平城 吾皆
已斬前使十輩言可擊者矣 迺封敬二千戶 爲關內侯 號爲建信侯⑤

① 句注구주

정의 구주산은 대주 안문현 서북쪽 30리에 있다.

句注山在代州鴈門縣西北三十里

② 二十餘萬兵已業行이십여만병이업행

신주 《사기지의》에서 말한다. "《한서》에는 30여 만이라 하여 〈흉노열
전〉과 같고 여기서는 잘못했다."

③ 沮저

색은 沮의 발음은 '저[才敍反]'이다. 《시전》에서 말한다. "저沮는 멈추는
것이고 무너지는 것이다."

沮音才敍反 詩傳曰沮 止也 壞也

④ 廣武광무

색은 〈지리지〉에는 현 이름이고 안문군에 속한다.

地理志縣名 屬鴈門

광무의 옛 현은 구주산 남쪽에 있다.

廣武故縣在句注山南也

⑤ 爲關內侯 號爲建信侯 위관내후 호위건신후

관내후는 봉국이 없는 제후인데 실제로 식읍 2,000호가 있었는지 의심스럽다. 《사기지의》에서 말한다. "범계가 말하기를 '건신현은 천승군에 속한다. 《수경주》 권5에 확실히 누경의 후국이라고 지적했다. 응소는 임제현 서북 50리에 건신성이 있다고 한다. 즉 관내후로 건신후라 부른 것은 그릇되었다.'고 했다." 참고로 〈고조공신후자연표〉에는 이러한 내용이 없다.

고제가 평성에서 군사를 파하고 돌아오자 한왕 신이 망명해 호胡 땅으로 들어갔다. 이때에 즈음하여 묵돌冒頓이 선우單于가 되어 군사도 강성했고 활을 잘 쏘는 30여만 명의 군사로① 자주 북쪽 변방을 괴롭혔다. 고조가 근심하고 유경에게 물었다. 유경이 말했다.

"천하가 처음으로 안정되고 사졸들은 전쟁에 지쳐있어 무력으로 흉노를 복종시키지 못할 것입니다. 묵돌은 아비를 죽이고 대신 즉위하여 여러 계모를 아내로 삼았으며, 힘으로 위엄을 삼고 있어서 인의로써 설득하지 못할 것입니다. 유독 오래도록 유지할 수 있는 원대한 계획으로 (흉노의) 자손들을 신하로 삼아야 할 따름입니다. 그러나 폐하께서 하지 못하실까 걱정입니다."

주상이 말했다.

"진실로 좋다면 어찌 하지 못하겠는가? 도대체 어떻게 해야 하는가?"

高帝罷平城歸 韓王信亡入胡 當是時 冒頓爲單于 兵彊 控弦三十萬^①
數苦北邊 上患之 問劉敬 劉敬曰 天下初定 士卒罷於兵 未可以武服也
冒頓殺父代立 妻群母 以力爲威 未可以仁義說也 獨可以計久遠子孫
爲臣耳 然恐陛下不能爲 上曰 誠可 何爲不能 顧爲奈何

① 控弦三十萬공현삼십만

[집해] 응소가 말했다. "공控은 당긴다는 뜻이다."

應劭曰 控 引也

[신주] 《사기지의》에서 말한다. "《한서》에는 40만이라 하여 〈흉노열전〉
과 같고 여기서는 잘못했다."

유경이 대답했다.

"폐하께서 진실로 적장공주適長公主를 묵돌의 아내로 삼아주고
후한 폐백을 받들어 보낼 수 있다면, 저들은 한나라에서 적녀適女
와 두터운 예물을 보낸 것을 알고 야만인들은 반드시 사모해 연지
關氏로 삼을 것이며 자식을 낳으면 반드시 태자로 삼아 선우單于
를 잇게 할 것입니다.

어째서이겠습니까? 한나라의 귀중한 폐백을 탐하기 때문입니다.
폐하께서는 해마다 한나라에서 남고 저들에게 드문 것으로 자주
위문하고 선물을 보내며, 그 기회로 변사辯士들을 시켜 예절로써
깨우치게 해야 합니다.

묵돌이 살아 있을 때는 진실로 사위가 되고 죽으면 외손이 선우가 됩니다. 어찌 일찍이 외손이 감히 할아버지와 대등한 예를 한다는 것을 들어보셨습니까? 군사들은 싸울 수 없어 점점 신하가 되는 것입니다. 만약 폐하께서 장공주를 보내지 않으시고 종실 (딸이나) 후궁을 공주라고 거짓으로 칭한 것을 저들도 또한 알게 된다면, 기꺼이 가까이하고 귀하게 여기지 않아서 보탬이 없을 것입니다."

劉敬對曰 陛下誠能以適長公主妻之 厚奉遺之 彼知漢適女送厚 蠻夷必慕以爲閼氏 生子必爲太子 代單于 何者 貪漢重幣 陛下以歲時漢所餘彼所鮮數問遺 因使辯士風諭以禮節 冒頓在 固爲子婿 死 則外孫爲單于 豈嘗聞外孫敢與大父抗禮者哉 兵可無戰以漸臣也 若陛下不能遣長公主 而令宗室及後宮詐稱公主 彼亦知 不肯貴近 無益也

고제가 말했다.

"좋소."

이에 장공주를 보내고자 했다.[①] 여후가 밤낮으로 울면서 말했다.

"첩에게는 오직 태자와 딸 하나뿐인데 어떻게 흉노에게 버려두겠습니까?"

주상은 마침내 장공주를 보낼 수 없어서 집안사람의 자식을 취해서[②] 장공주로 이름하고 선우에게 아내로 삼아주었다. 유경에게 사신으로 가서 화친의 약속을 맺게 했다. 유경이 흉노로 갔다가 와서 말했다.

"흉노에는 하남河南의 백양白羊③과 누번왕樓煩王이 있는데 장안과의 거리가 가까운 자는 700여 리로 날랜 기병은 하루 밤낮에 진중秦中에 이를 수 있습니다. 진중은 막 부서져서 백성은 적지만 땅은 비옥해 백성을 더 늘려 채울 수 있습니다.

高帝曰 善 欲遣長公主① 呂后日夜泣 曰 妾唯太子一女 奈何棄之匈奴 上竟不能遣長公主 而取家人子②名爲長公主 妻單于 使劉敬往結和親 約 劉敬從匈奴來 因言 匈奴河南白羊③樓煩王 去長安近者七百里 輕騎 一日一夜可以至秦中 秦中新破 少民 地肥饒 可益實

① 欲遣長公主욕견장공주

신주 《사기지의》에서 말한다. "〈장이열전〉에 노원공주는 고제 5년에 조왕 장오에게 시집갔으니 이때에 이르러 이미 3년이다. 그런데 선우에게 아내로 삼아준다고 하니 어찌 장차 빼앗아서 시집보낼 것인가? 누경의 말은 잘못된 것이다. 곧 고제가 '좋소.'라고 말하여 (다른) 공주를 보내려고 했다면 이치가 있겠지만, (여기 말은) 반드시 사실이 아닐 것이다."

② 取家人子취가인자

신주 〈흉노열전〉에는 종실의 딸이라고 했으니 일맥상통한다.

③ 白羊백양

집해 장안이 말했다. "백양은 흉노의 나라 이름이다."

張晏云 白羊 匈奴國名

색은 살펴보니, 장안은 백양을 나라 이름이라고 했다. 둘은 모두 하남에 있다. 하남은 살펴보니 삭방朔方의 하수 남쪽인데 옛날에는 모두 흉노 땅이었고, 지금도 신진중新秦中이라고 이른다.

案 張晏云白羊 國名 二者竝在河南 河南者 案在朔方之河南 舊竝匈奴地也 今亦謂之新秦中

신주 황하 만곡부 남쪽의 내몽골 오르도스 지방이며, 그 남쪽은 현재 만리장성이 지나 험준하며 메마른 황토지대이다.

대저 제후들이 처음으로 군사를 일으켰을 때에는 제나라 전씨나 초나라 소씨昭氏, 굴씨屈氏와 경씨景氏가 아니었다면 능히 일어나지 못했을 것입니다. 지금 폐하께서는 비록 관중에 도읍을 정했으나 실상은 인구가 적습니다. 북쪽은 호인의 도적과 가깝고 동쪽은 여섯 나라의 왕족들이 있고 종족이 강력한데, 어느 날이라도 변란이 있다면 폐하께서도 베개를 높이고 주무시지 못할 것입니다.

신은 원하옵건대, 폐하께서 제나라 여러 전씨와 초나라 소씨, 굴씨, 경씨와 연燕, 조趙, 한韓, 위魏의 후예들 및 호걸이나 명가名家들을 옮겨서 관중에 살게 해야 합니다. 일이 없으면 호胡에 대비할 수 있고 제후들이 변란이 있으면 또한 족히 인솔해 동쪽을 정벌할 수 있습니다. 이것은 근본을 강하게 하고 말단을 약하게 하는 술책입니다."

고조가 말했다.

"좋소."

이에 유경을 시켜 말한 대로 10여만 명의 인구를 관중으로 옮기게 했다.[①]

夫諸侯初起時 非齊諸田 楚昭屈景莫能興 今陛下雖都關中 實少人 北近胡寇 東有六國之族 宗彊 一日有變 陛下亦未得高枕而臥也 臣願陛下徙齊諸田 楚昭屈景 燕趙韓魏後 及豪桀名家居關中 無事 可以備胡諸侯有變 亦足率以東伐 此彊本弱末之術也 上曰 善 迺使劉敬徙所言 關中十餘萬口[①]

① 關中十餘萬口관중십여만구

색은 살펴보니 안사고가 말했다. "지금 고릉과 역양에는 전씨들, 화음과 호치에는 경씨들, 삼보에는 굴씨와 회씨들이 여전히 많은데, 모두 이때 옮긴 것이다."

案 小顔云今高陵 櫟陽諸田 華陰 好時諸景 及三輔諸屈諸懷尙多 皆此時所徙也

예의제도를 정비한 숙손통

숙손통叔孫通은① 설薛 땅② 사람이다. 진秦나라 때 문학으로 부름을 받아 박사를 제수하는 조서를 기다리고 있었다. 여러 해가 지나 진승陳勝이 산동에서 군사를 일으켰는데 사신이 조정에 알리자 이세는 박사와 여러 유생을 불러서 물었다.

"초나라에서 수자리 살던 병졸이 기蘄를 공격하고 진陳으로 쳐들어왔다는데 공들은 어떻게 생각하는가?"

박사와 유생 30여 명이 앞으로 나와 말했다.

"신하된 자는 거역함③이 없어야 하니 거역하면 곧 반역하는 것입니다. 반역죄는 죽음뿐이고 사면은 없는 것입니다. 원컨대 폐하께서는 급히 군사를 일으켜서 그들을 치십시오."

이세가 노하고 얼굴빛이 변했다.

叔孫通者① 薛② 人也 秦時以文學徵 待詔博士 數歲 陳勝起山東 使者以聞 二世召博士諸儒生問曰 楚戍卒攻蘄入陳 於公如何 博士諸生三十餘人前曰 人臣無將③ 將卽反 罪死無赦 願陛下急發兵擊之 二世怒 作色

① 叔孫通者숙손통자

[집해] 진작이 말했다. "《초한춘추》에는 이름이 하何이다."

晉灼曰 楚漢春秋名何

성씨로 보건대 춘추시대 노나라 삼환三桓의 하나인 숙손씨의 후예
이다.

② 薛설

색은 살펴보니 《초한춘추》에는 이름을 하何라고 한다. 설薛은 현 이름
이고 노나라에 속했다.

按 楚漢春秋云名何 薛 縣名 屬魯國

③ 將장

집해 신찬이 말했다. "장將은 역란逆亂을 이른다. 《공양전》에서 '임금
과 부모에게 거역함이 없어야 하며, 거역하면 반드시 죽인다.'고 했다."

瓚曰 將謂逆亂也 公羊傳曰 君親無將 將而必誅

이에 숙손통이 앞으로 나아가 말했다.

"여러 생도가 한 말은 모두 틀린 것입니다. 대저 천하가 합해져
한 집안이 되었고 군郡과 현縣의 성을 헐고 그의 병기들을 녹이고
천하에 다시 사용하지 않는다는 뜻을 보였습니다. 또 현명한 군
주께서 그 위에 계시고 법령이 아래에 갖추어져서 사람마다 직분
을 받들게 해 사방에서 달려오고 있는데 어찌 감히 반역하는 자
가 있겠습니까? 이것은 특별한 도적떼로 쥐나 개가 물건을 훔치는
것일 뿐이니 어찌 족히 입에 올리겠습니까? 군수나 위尉가 지금

체포해 논죄할 것인데 어찌 족히 근심할 일이겠습니까?”

이세가 기뻐하고 말했다.

“좋은 말이다.”

생도들에게 모두 물으니, 유생들이 어떤 이는 반역이라고 말하고 어떤 이는 도둑이라고 말했다. 이에 이세가 어사를 시켜서 유생들 중 반역이라고 말한 자들을 조사해서 형리에게 내려 보내게 했는데 반역이라고 말한 바를 나쁘게 여겼기 때문이었다. 유생들 중 도둑이라고 말한 자들은 모두 그대로 두었다. 이에 숙손통에게 비단 24필과 옷 한 벌[1]을 하사하고 제수해 박사로 삼았다.

叔孫通前曰 諸生言皆非也 夫天下合爲一家 毀郡縣城 鑠其兵 示天下不復用 且明主在其上 法令具於下 使人人奉職 四方輻輳 安敢有反者 此特群盜鼠竊狗盜耳 何足置之齒牙間 郡守尉今捕論 何足憂 二世喜曰 善 盡問諸生 諸生或言反 或言盜 於是二世令御史案諸生言反者下吏 非所宜言 諸言盜者皆罷之 迺賜叔孫通帛二十四 衣一襲[1] 拜爲博士

---

① 一襲일습

색은 살펴보니 《국어》에는 ‘일칭一稱’이라고 했는데 가규는 《예기》를 살펴 말했다. “두루마기는 반드시 겉이 있어 홑옷으로 입지 않고 저고리에는 반드시 치마가 있어야 하는데, 이것을 일러 한 벌이라고 한다.” 두예가 말했다. “의복에 겉옷과 속옷을 갖춘 것을 칭稱이라 한다.”

案 國語謂之 一稱 賈逵案禮記 袍必有表不單 衣必有裳 謂之一稱 杜預云 衣單複具云稱也

숙손통이 궁을 나오고 나서 관사로 돌아오자 여러 생도가 말했다.

"선생은 왜 아첨하는 말을 했습니까?"

숙손통이 말했다.

"그대들은 알지 못할 것이오. 나는 거의^① 호랑이 입에서 벗어나지 못할 뻔했소."

이에 도망쳐 설 땅으로 갔는데 설 땅은 이미 초나라에 항복했다. 항량項梁이 설 땅에 이르자 숙손통은 항량을 따랐다. 항량이 정도定陶에서 무너지자 회왕을 따랐다. 회왕이 의제義帝가 되어 장사로 옮겨가자 숙손통은 머물러 항왕項王을 섬겼다.

한나라 2년, 한왕이 다섯 명의 제후들을 따라 팽성으로 쳐들어왔는데, 숙손통은 한왕에게 투항했다. 한왕이 패하여 서쪽으로 가자 그로 인해 마침내 한나라를 따랐다.

叔孫通已出宮 反舍 諸生曰 先生何言之諛也 通曰 公不知也 我幾^①不脫於虎口 迺亡去 之薛 薛已降楚矣 及項梁之薛 叔孫通從之 敗於定陶 從懷王 懷王爲義帝 徙長沙 叔孫通留事項王 漢二年 漢王從五諸侯入 彭城 叔孫通降漢王 漢王敗而西 因竟從漢

① 幾기

정의 幾의 발음은 '기祈'이다.

幾音祈

숙손통의 유생 복장을 한왕이 싫어했다. 이에 그가 복장을 바꾸어 짧은 옷을 입고① 초나라 제도를 따르자 한왕이 기뻐했다. 숙손통이 한나라에 항복했을 때 따르던 유생과 제자들이 100여 명이었다. 그러나 숙손통은 천거하여 말하는 바가 없었고 오로지 옛날의 도적떼나 장사들만을 말해서 추천했다. 제자들이 모두 몰래 욕하고 매도했다.

"선생을 섬긴 지 여러 해였으며 다행히 선생을 따라서 한나라에 항복하게 되었는데, 지금 신 등을 추천하지 않고 매우 약삭빠른② 자들만을 오로지 말하시니, 어째서일까?"

숙손통이 이러한 이야기를 듣고 제자들에게 일러 말했다.

"한왕은 화살과 돌멩이③를 무릅쓰고 천하를 다투는데 여러 유생들이 어찌 싸울 수 있겠는가? 그러므로 먼저 장수를 베고 깃발을 뽑을④ 수 있는 전사들을 말할 뿐이다. 여러 유생은 장차 나를 기다려라. 나는 잊지 않을 것이다."

한왕이 숙손통을 제수해 박사로 삼고 직사군稷嗣君⑤이라고 불렀다.

叔孫通儒服 漢王憎之 迺變其服 服短衣① 楚製 漢王喜 叔孫通之降漢 從儒生弟子百餘人 然通無所言進 專言諸故群盜壯士進之 弟子皆竊罵曰 事先生數歲 幸得從降漢 今不能進臣等 專言大猾② 何也 叔孫通聞之 迺謂曰 漢王方蒙矢石③爭天下 諸生寧能鬪乎 故先言斬將搴④旗之士 諸生且待我 我不忘矣 漢王拜叔孫通爲博士 號稷嗣君⑤

① 短衣단의

색은 살펴보니 공문상이 말했다. "짧은 옷은 일할 때 편리한 것으로

유자儒者의 의복이 아니다. 고조는 초나라 사람이다. 그러므로 그 풍속
을 따라 만든 것이다."

案 孔文祥云短衣便事 非儒者衣服 高祖楚人 故從其俗裁製

② 猾활

[색은] 살펴보니 《유집類集》에서 말한다. "활猾은 교활한 것이다. 猾의
발음은 '활滑'이다."

案 類集云猾 狡也 音滑

③ 矢石시석

[집해] 《한서음의》에서 말한다. "돌을 들어 사람에게 던지는 것을 이른다."

漢書音義曰 謂發石以投人

④ 搴건

[집해] 장안이 말했다. "건搴은 마는 것이다." 신찬이 말했다. "뽑아 취하
는 것을 건이라고 한다." 《초사》에서 말한다. "아침에 비산阰山의 목란을
뽑는다."

張晏曰 搴 卷也 瓚曰 拔取曰搴 楚辭曰 朝搴阰之木蘭

[색은] 搴의 발음은 '건[起焉反]' 또는 '견[己勉反]'이다. 살펴보니 《방언》에서
말한다. "남방에서는 물건을 취하는 것을 건이라 이른다." 허신이 말했다.
"건搴은 취하는 것이다." 왕일이 말했다. "비阰는 산 이름이다." 또 살펴보니
《비창》에서 말했다. "비산은 초나라에 있다. 阰의 발음은 비毗이다."

搴音起焉反 又己勉反 案 方言云 南方取物云搴 許慎云 搴 取也 王逸云 阰 山
名 又案 埤蒼云 山在楚 音毗

⑤ 稷嗣君직사군

[집해] 서광이 말했다. "대개 그의 덕업이 족히 제나라 직하稷下의 유풍을 계승한 것이라는 말이다." 살펴보니 《한서음의》에서 말한다. "직사는 읍의 이름이다."

徐廣曰 蓋言其德業足以繼蹤齊稷下之風流也 駰案 漢書音義曰 稷嗣 邑名

한나라 5년, 천하를 합치고 나서 제후들은 함께 한왕을 높여 정도定陶에서 황제로 삼았으며, 숙손통은 그 의식과 호칭을 정해 황제에 취임하게 했다. 고제는 진나라의 까다로운 의법儀法을 모두 제거하고 간편하게 했다. 모든 신하가 술을 마시고 공로를 다투어, 술에 취해 혹은 망령되게 외치고 검을 뽑아 기둥을 내리치니 고제가 근심했다. 숙손통은 주상이 (이러한 일을) 더욱 싫어하는 것을 알고 주상을 설득해서 말했다.

"대저 유자란 나아가서 빼앗는 것을 함께하기는 어렵지만 성공을 지키는 것을 함께하기는 좋습니다. 신은 원컨대 노나라 유생들을 불러서 신의 제자들과 함께 왕조의 의례를 일으키겠습니다."

고제가 말했다.

"구하기에 어려움이 없겠소?"

숙손통이 말했다.

"오제五帝는 음악을 다르게 했고 삼왕은 예를 동일하게 하지 않았습니다. 예란 시대의 인정을 따라 적절하게 꾸며서 만드는 것입니다. 그러므로 하夏, 은殷, 주周 예의 증감增減한 것을 알 수 있고 서로 중복되지 않았다고 이를 것입니다. 신은 원컨대 자못 옛날의 예법과 진나라 의식을 채택하고 섞어서 나아가게 할 것입니다."

고조가 말했다.

"시험 삼아 만드는데, 알기 쉽게 하고 내가 행할 수 있는 바를 헤아려서 만들어 보시오."

이에 숙손통은 노나라의 여러 유생 30여 명을 불렀다. 그런데 노나라의 두 생도는 기꺼이 가지 않고 말했다.

"공께서 섬긴 바는 10명의 주인인데[1] 모두 얼굴을 마주 대하고 아첨해 친하고 귀해지는 것을 얻었습니다. 지금 천하는 처음으로 안정되었지만 죽은 자는 장례도 치르지 못했고 부상당한 자는 일어나지도 못했는데 또 예악을 일으키고자 합니다. 예악이 말미암아 일어나려면 100년의 덕을 쌓은 뒤에야 일으킬 수 있습니다. 나는 차마 공이 하는 바를 할 수 없습니다. 공이 하는 것은 옛것과 합하지 않는 것이니 우리는 행하지 않을 것입니다. 공은 떠나시고 우리를 욕보이지 마십시오."

숙손통이 웃으면서 말했다.

"그대들은 참으로 비루한 유생들이오. 시대의 변화를 알지 못하는군요."

마침내 부른 30명과 서쪽으로 갔다. 주상의 좌우에 있는 학자들과 그의 제자 100여 명과 함께 야외에 띠풀을 묶어 세워[2] 표시했다. 한 달 동안 익히고 숙손통이 말했다.

"주상께서는 시험 삼아 구경하십시오."

주상이 참관하고 나서 예를 행하게 하자 말했다.

"내가 이 정도는 할 수 있다."

이에 여러 신하를 시켜서 익히게^③ 하고 10월에 조회를 하기로 했다.

漢五年 已幷天下 諸侯共尊漢王爲皇帝於定陶 叔孫通就其儀號 高帝

悉去秦苛儀法 爲簡易 群臣飮酒爭功 醉或妄呼 拔劍擊柱 高帝患之 叔

孫通知上益厭之也 說上曰 夫儒者難與進取 可與守成 臣願徵魯諸生

與臣弟子共起朝儀 高帝曰 得無難乎 叔孫通曰 五帝異樂 三王不同禮

禮者 因時世人情爲之節文者也 故夏殷周之禮所因損益可知者 謂不相

復也 臣願頗采古禮與秦儀雜就之 上曰 可試爲之 令易知 度吾所能行

爲之 於是叔孫通使徵魯諸生三十餘人 魯有兩生不肯行 曰 公所事者

且十主^① 皆面諛以得親貴 今天下初定 死者未葬 傷者未起 又欲起禮樂

禮樂所由起 積德百年而後可興也 吾不忍爲公所爲 公所爲不合古 吾

不行 公往矣 無汙我 叔孫通笑曰 若眞鄙儒也 不知時變 遂與所徵三十

人西 及上左右爲學者與其弟子百餘人爲綿蕝^②野外 習之月餘 叔孫通

曰 上可試觀 上旣觀 使行禮 曰 吾能爲此 迺令群臣習肄^③ 會十月

① 公所事者且十主공소사자차십주

신주 《사기지의》에서 말한다. "숙손통은 진시황, 진이세, 항량, 의제,
항우를 섬기고 곧 한왕에게 투항하여 총 번갈아 여섯 명의 주인인데, 10명
의 주인이라고 말한 것은 무슨 까닭인가?"

② 綿蕝면체

집해 서광이 말했다. "자리의 표준을 나타낸 것이다. 蕝의 발음은 '최
[子外反]'이다. 살펴보니 여순이 말했다. "줄을 이어 설치하고 연습하는

곳을 만든 것이다. 최蕞는 띠를 잘라 땅에 세우고 찬위纂位를 만든 것을 이른다. 《춘추전》에서 '띠풀을 묶어 표시해 두었다.'고 했다."

徐廣曰 表位標準 音子外反 駰案 如淳曰 置設縣索 爲習肄處 蕞謂以茅翦樹地 爲纂位 春秋傳曰 置茅蕝也

索隱 서광이 蕞의 발음은 '죄[子外反]'라고 했다. 여순이 말했다. "띠를 잘라 땅에 세우고 찬위와 존비의 차례를 만든 것이다." 소림은 蕞의 발음은 '찬纂'이라고 했다. 위소가 말했다. "노끈을 당겨 길게 이어지도록 만들어 표를 세워 모양을 만든 것이다. 蕞의 발음은 '최[茲會反]'이다." 살펴보니 가규가 말했다. "띠를 묶어 자리를 나타내 표시한 것이다." 또 《찬문》에서 말한다. "절蕝은 지금의 찬纂 자이다. 포개는 蕝의 발음은 '졀[卽悅反]' 또는 '찬纂'이라고 했다."

徐音子外反 如淳云翦茅樹地 爲纂位尊卑之次 蘇林音纂 韋昭云引繩爲縣 立表 爲蕞 音茲會反 按 賈逵云束茅以表位爲蕝 又纂文云蕝 今之纂字 包愷音卽悅 反 又音纂

③ 肄이

索隱 이肄도 익힌다는 뜻이다. 肄의 발음은 '이異'이다.

肄亦習也 音異

한나라 7년, 장락궁長樂宮이 완성되자 제후들과 여러 신하들이 모두 10월에 조회했다.[①] 의식대로 거행했다. 먼저 해가 뜰 때 알자謁者가 예를 익혀서 (참석자들을) 이끌어 순차적으로 대궐문으로

들어오게 했다. 뜰 안에는 수레와 기병과 보졸들과 호위병들이 도
열했고, 병기와 깃발을[2] 설치했다. 구령을 전하여 '종종걸음[趨]'
이라고 했다.[3]

漢七年 長樂宮成 諸侯群臣皆朝十月[1] 儀 先平明 謁者治禮 引以次入
殿門 廷中陳車騎步卒衞宮 設兵張旗志[2] 傳言 趨[3]

① 朝十月조시월

색은 안사고가 말했다. "한나라는 10월을 정월로 삼았다. 그러므로 해
마다 조회하는 예를 행했고 사가史家가 추가해 10월을 기록한 것이다."
살펴보니 여러 서적에서 나란히 10월을 한 해의 시작으로 삼았지 10월을
정월이라고 말하지 않았다. 《고금주》에도 이르기를 '뭇 신하들은 비로
소 10월에 조회했다.'고 한다.

小顔云漢以十月爲正 故行朝歲之禮 史家追書十月也 案 諸書竝云十月爲歲首
不言以十月爲正月 古今注亦云群臣始朝十月也

② 志지

집해 서광이 말했다. "다른 판본에는 '치幟'로 되어 있다."

徐廣曰 一作幟

③ 趨추

색은 살펴보니 안사고가 말했다. "구령을 전하여 들어오는 사람들에게 모
두 종종걸음을 걷게 한 것이다. 추趨는 빨리 가서 공경을 나타내는 것이다."

案 小顔云傳 聲教入者皆令趨 趨 疾行致敬也

궁전 아래는 낭중郎中들이 계단을 끼고 있었는데 계단마다 수백 여 명이 있었다. 공신과 열후 및 여러 장군과 군리軍吏들은 순차 적으로 서쪽에 늘어서고 동쪽으로 향했다. 문관인 승상 이하는 동쪽에 늘어서고 서쪽으로 향했다.[1] 대행大行은 구빈九賓을 설치 하여 황제의 말을 전했다.[2] 이에 황제가 연輦[3]을 타고 방에서 나 오자 온갖 관료들이 기치를 가지고[4] '엄숙[警]'이라고 구령했다.[5]

殿下郎中俠陛 陛數百人 功臣列侯諸將軍軍吏以次陳西方 東鄉 文官 丞相以下陳東方 西鄉[1] 大行設九賓 臚傳[2] 於是皇帝輦[3]出房 百官執 職[4]傳警[5]

① 將軍軍吏~陳東方 西鄉장군군리~진동방 서향

신주 이처럼 임금이 남면하고 그 오른쪽인 서쪽에 무관이 서고, 그 왼 쪽인 동쪽에 문관이 선다. 그래서 무관을 서반西班이라 하고 문관을 동 반東班이라 한다.

② 大行設九賓 臚傳대행설구빈 여전

집해 《한서음의》에서 말한다. "위에서 아래로 전하는 것을 여臚라고 한다."

漢書音義曰 傳從上下爲臚

색은 《한서》에서 말한다. "구빈九賓을 설치하여 아래위로 말을 전했 다" 소림이 말했다. "윗사람이 전한 말을 아래에 알리는 것을 여臚라 하 고, 아랫사람이 전하는 말을 윗사람에게 알리는 것을 구句라 한다. 여臚는 행行과 같다." 위소가 말했다. "대행인大行人은 빈객의 예를 관장하는데

지금의 홍려鴻臚를 이른다. 구빈은 곧《주례》의 구의九儀이며 공후백자
남, 고孤, 경卿, 대부大夫, 사士를 이른다." 한나라는 이것에 의거해 명령
을 전하고, 차례에 의거해 명령을 전달하고 올리게 했다. 상수는《장자》
에 주석하여 "윗사람에 따라 아랫사람에 말하는 것이 여臚이다."라고 했
는데, 臚의 발음은 '여閭'이고, 句의 발음은 '구[九注反]'이다.

漢書云設九賓臚句傳 蘇林云上傳語告下爲臚 下傳語告上爲句 臚猶行者矣 韋
昭云大行人掌賓客之禮 今謂之鴻臚也 九賓 則周禮九儀也 謂公侯伯子男孤卿
大夫士也 漢依此以爲臚傳 依次傳令上也 向秀注莊子云從上語下爲臚 音閭 句
音九注反

③ 輦연

[색은] 살펴보니《여복지》에는 "은나라와 주나라는 손수레에 군수물자
를 실었고, 벼슬아치들은 가축에 탔다. 진나라에 이르러서야 그 바퀴를
없애고 가마를 높였다."

案 輿服志云殷周以輦載軍器 職載芻豢 至秦始去其輪而輿爲尊也

④ 執職집직

[집해] 서광이 말했다. "다른 판본에는 '치幟'로 되어 있다."

徐廣曰 一作幟

⑤ 執職 傳警집직 전경

[색은] 職의 발음은 '치幟' 또는 '시試'이다. 전경傳警이란《한의》에서, 황
제의 가마가 움직일 때 좌우의 유악帷幄에서 모시는 자들이 '경警'이라
일컫는 것이라고 했는데, 이것이다.

職音幟 亦音試 傳警者 漢儀云帝輦動 則左右侍帷幄者稱警 是也

이른바 경필警蹕과 비슷한 것이다. 우리말로 하면 '엄숙하라. 물렀거라.' 정도가 된다. 유악은 가마 위에 두른 장막으로, 사방으로 펼친 것이다.

제후왕 이하부터 600석 관리에 이르기까지 이끌어 순차적으로 축하를 올렸다. 제후왕부터 그 아래로 모두 두려움에 떨며 엄숙하게 공경하지 않은 자가 없었다. 예식을 다 마침에 이르러 다시 주법酒法①을 두었다. 궁전 위에 모시고 앉아 있는 자들은 모두 엎드려 머리를 숙이고② 존비의 차례대로 일어나 축수祝壽를 올렸다. 술잔이 아홉 번 돌자 알자謁者가 말했다.

"술을 그치시오."

어사御史가 법을 집행하는데 의식을 따르지 않는 자들을 들춰내서 번번이 끌고 나갔다. 마침내 술을 올리는 조회가 끝났는데 감히 떠들거나 예를 잃는 자가 없었다. 이에 고제가 말했다.

"나는 오늘에야 황제가 귀하다는 것을 알았노라!"

引諸侯王以下至吏六百石以次奉賀 自諸侯王以下莫不振恐肅敬 至禮畢 復置法酒① 諸侍坐殿上皆伏抑首② 以尊卑次起上壽 觴九行 謁者言罷酒 御史執法舉不如儀者輒引去 竟朝置酒 無敢讙譁失禮者 於是高帝曰 吾迺今日知爲皇帝之貴也

① 法酒법주

문영이 말했다. "주령酒令의 법을 만든 것이다." 소림이 말했다.

"항상 모임에서는 천자가 중간에 일어나 옷을 갈아입은 연후에 들어가면 술상을 차린다."

文穎曰 作酒令法也 蘇林曰 常會 須天子中起更衣 然後入置酒矣

집은 문영이 말했다. "주령의 법을 만든 것이다." 요씨가 말했다. "술을 올리는 데 예가 있다. 옛날 사람은 술을 마시는데 세 잔을 넘지 않았으며 군주와 신하는 백배百拜하고 종일토록 연회를 열어도 그것으로 인해 어지러워지지 않았다."

按 文穎云作酒法令也 姚氏云進酒有禮也 古人飲酒不過三爵 君臣百拜 終日宴 不爲之亂也

② 抑首억수

집해 여순이 말했다. "눌러서 굽힌 것이다."

如淳曰 抑屈

이에 숙손통을 제수해 태상太常으로 삼고 황금 500근을 하사했다. 숙손통이 이에 따라 나아가 말했다.

"여러 제자와 유생들이 신을 따른 지가 오래되었으며 신과 함께 의례를 만들었습니다. 원컨대 폐하께서 저들에게도 관직을 주십시오."

고제가 모두 낭郎으로 삼았다. 숙손통은 나가서 모두 500근의 금을 유생들에게 나누어주었다. 유생들이 모두 기뻐하면서 말했다.

"숙손생은 실로 성인이시다. 당대의 중요한 임무를 알고 있었다."

한나라 9년, 고제는 숙손통을 태자태부太子太傅로 삼았다.

洒拜叔孫通爲太常 賜金五百斤 叔孫通因進曰 諸弟子儒生隨臣久矣
與臣共爲儀 願陛下官之 高帝悉以爲郞 叔孫通出 皆以五百斤金賜諸
生 諸生洒皆喜曰 叔孫生誠聖人也 知當世之要務 漢九年 高帝徙叔孫
通爲太子太傅

한나라 12년, 고조가 조왕趙王 여의如意로 태지를 바꾸려고 하자
숙손통이 주상에게 간해서 말했다.

"옛날 진晉나라 헌공獻公이 여희驪姬 때문에 태자를 폐하고 해제
奚齊를 세웠습니다. 진나라가 어지러운 것이 수십여 년 되어 천하
의 웃음거리가 되었습니다. 진秦나라는 일찍부터 부소扶蘇를 태자
로 정하지 않아 조고趙高로 하여금 거짓 조서를 만들어 호해胡亥
를 세우도록 했다가 스스로 사직을 없앴습니다. 이것은 폐하께서
도 친히 보신 것입니다.

지금 태자는 인자하시고 효자라는 것이 천하에 모두 알려져 있
습니다. 여후께서는 폐하와 함께 고생을 겪은 조강지처인데① 그
들을 배신하시겠습니까? 폐하께서 반드시 적자를 폐하고 어린 아
들을 세우고자 하신다면 신은 원하옵건대 먼저 죽임을 당해 목의
피로써 땅을 물들일 것입니다.②"

漢十二年 高祖欲以趙王如意易太子 叔孫通諫上曰 昔者晉獻公以驪姬之
故廢太子 立奚齊 晉國亂者數十年 爲天下笑 秦以不蚤定扶蘇 令趙高得
以詐立胡亥 自使滅祀 此陛下所親見 今太子仁孝 天下皆聞之 呂后與陛
下攻苦食啖① 其可背哉 陛下必欲廢適而立少 臣願先伏誅 以頸血汙地②

① 攻苦食啖공고식담

서광이 말했다. "공攻은 지금 사람들이 말하는 격擊과 같다. 담啖은 다른 판본에는 '담淡'으로 되어 있다." 살펴보니 여순이 말했다. "식사에 채소가 없는 것이 담啖이다."

徐廣曰 攻猶今人言擊也 啖 一作淡 駟案 如淳曰 食無菜茹爲啖

색은 살펴보니 공문상이 말했다. "황제와 함께 공격하고 어려움을 무릅쓰느라 식사 때 채소도 갖추기 어려웠던 것이다." 살펴보니 《설문》에서 말한다. "담淡은 담박한 맛이다." 淡의 발음은 '담[唐敢反]'이다.

案 孔文祥云與帝共攻冒苦 難俱食淡也 案 說文云淡 薄味也 音唐敢反

신주 어려움을 함께 겪고 거친 음식을 나누어 먹은 '조강지처'이다.

② 頸血汙地경혈오지

색은 《초한춘추》에서 말한다. "숙손하가 이르기를 '신이 세 번 간했으나 따르지 않으시니 청컨대 몸으로 맞섰으면 합니다.'라고 하고는 검을 어루만지며 자살하려고 했다. 주상이 자리를 떠나면서 이르기를 '내 그대의 계책을 들었으니 태자를 바꾸지 않겠다.'라고 했다."

楚漢春秋 叔孫何云臣三諫不從 請以身當之 撫劍將自殺 上離席云吾聽子計 不易太子

고제가 말했다.
"공은 그만하시오. 나는 단지 농담했을 뿐이오."
숙손통이 말했다.

"태자는 천하의 근본입니다. 근본이 한번 흔들리면 천하가 진동하는 것인데 어찌 천하로써 농담을 하시는 것입니까?"

고제가 말했다.

"나는 공의 말을 들을 것이오."

뒤에 주상은 주연을 베풀기에 이르렀는데, 유후留侯가 초대한 빈객①이 태자를 따라 들어와 주상을 배알하는 것을 보고 주상은 마침내 태자를 바꿀 뜻이 없어졌다.

고조가 붕어하자 효혜제가 즉위해 이에 숙손생에게 일러 말했다.

"선제의 원릉園陵과 침묘寢廟를 모심에 여러 신하는 아무도 익숙지 못하오."

(숙손통을) 옮겨서 태상太常으로 삼고 종묘의 의법儀法을 정하게 했다. 점차로 한나라의 의법을 정함에 이른 것은 모두 숙손생이 태상이 되어서 논해 저술한 것들이었다.

高帝曰 公罷矣 吾直戲耳 叔孫通曰 太子天下本 本一搖天下振動 柰何以天下爲戲 高帝曰 吾聽公言 及上置酒 見留侯所招客①從太子入見 上迺遂無易太子志矣 高帝崩 孝惠卽位 迺謂叔孫生曰 先帝園陵寢廟 群臣莫(能)習 徙爲太常 定宗廟儀法 及稍定漢諸儀法 皆叔孫生爲太常所論箸也

① 留侯所招客유후소초객

신주 장량張良이 추천한 상산사호尚山四皓를 가리킨다. 그 내용은 〈유후세가〉에 실려 있다.

효혜제는 동쪽 장락궁[1]에 문안 인사를 가거나 가끔 지날 때마다 자주 통행을 금하여 사람들을 번거롭게 했으므로,[2] 이에 복도[3]를 만들어 바야흐로 무기고 남쪽에 쌓았다. 숙손생이 일을 아뢰면서 한가한 틈을 타서 청했다.

"폐하께서는 어찌 스스로 고조의 침묘寢廟에 복도를 짓게 하고 의관을 매달 고묘高廟에 행차하게 하십니까?[4] 고묘는 한나라 태조이신데 어찌 후세의 자손들로 하여금 종묘의 길 위를 올라타서 다니게 하시는 겁니까?"

효혜제는 크게 두려워하여 말했다.

"속히 헐도록 하라."

孝惠帝爲東朝長樂宮[1] 及閑往 數蹕煩人[2] 迺作複道[3] 方築武庫南 叔孫生奏事 因請閑曰 陛下何自築複道高寢 衣冠月出游高廟[4] 高廟 漢太祖 柰何令後世子孫乘宗廟道上行哉 孝惠帝大懼 曰 急壞之

① 長樂宮장락궁

[집해] 《관중기》에서 말한다. "장락궁은 본래 진나라 흥락궁이다. 한나라 태후가 항상 거처하는 곳이다."

關中記曰 長樂宮本秦之興樂宮也 漢太后常居之

② 及閑往 數蹕煩人급한왕 수필번인

[색은] 위소가 말했다. "필蹕은 사람의 통행을 멈추게 하는 것이다." 살펴보니 장락궁과 미앙궁은 동서 간의 거리가 점점 멀어졌다. 한왕閑往은 일정한 때가 아님을 이른다. 한가한 틈에 왕래하는데 길을 깨끗하게

하고 사람을 번거롭게 하는 것이다.

韋昭云蹕止人行也 按 長樂未央宮東西相去稍遠 閑往謂非時也 中閑往來 清道
煩人也

③ 複道복도

집해 위소가 말했다. "각도閣道이다." 여순이 말했다. "복도를 만드는
데 먼저 무고 남쪽에 짓기 시작한 것이다."

韋昭曰 閣道也 如淳曰 作複道 方始築武庫南

신주 각도는 건물과 건물 사이에 비나 눈이 맞지 않도록 지붕을 씌워
만든 통로다. 복도複道도 같은 뜻이다.

④ 衣冠月出游高廟의관월출유고묘

집해 응소가 말했다. "매월 고제의 의관을 꺼내 법가法駕를 갖추는 것
을 유의관游衣冠이라고 한다." 여순이 말했다. 《삼보황도》에 따르면 고
침高寢은 고묘高廟의 서쪽에 있는데 고조의 의관은 고침에 보관되어 있
다." 매월 고묘에서 나와 가는데, 그 길이 복도를 짓는 아래와 만나게 되
므로 종묘의 길 위를 올라타서 간다고 말했다.

應劭曰 月出高帝衣冠 備法駕 名曰游衣冠 如淳曰 三輔黃圖高寢在高廟西 高
祖衣冠藏在高寢 月出游於高廟 其道値所作複道下 故言乘宗廟道上行

숙손생이 말했다.

"군주가 거행하는 데는 허물이 없어야 합니다.① 지금 이미 복도를

지어서 백성이 모두 알고 있습니다. 지금 이를 헐어버리게 되면 곧 거동에 허물이 있음을 보이는 것입니다. 원컨대 폐하께서는 위수 북쪽에 원묘原廟를 만들어 의관을 매달 행차하게 하십시오. 종묘를 확장시키는 것은 큰 효의 근본입니다."

주상은 이에 담당 관리에게 조서를 내려 원묘를 세우게 했다. 원묘를 신축한 것은 복도 때문이었다. 효혜제가 일찍이 봄날에 이궁離宮으로 나들이를 나가자, 숙손생이 말했다.

"옛날에는 봄에 과일을 맛보게 하는 일이 있었는데, 바야흐로 지금 앵두가 익었으니 바칠 만합니다.[2] 원컨대 폐하께서 나가시면 이에 앵두를 따서 종묘에 바쳤으면 합니다."

주상이 허락했다. 여러 과일을 바치는 것이 이로 말미암아 일어났다.

叔孫生曰 人主無過擧[1] 今已作 百姓皆知之 今壞此 則示有過擧 願陛下爲原廟渭北 衣冠月出游之 益廣多宗廟 大孝之本也 上酒詔有司立原廟 原廟起 以複道故 孝惠帝曾春出游離宮 叔孫生曰 古者有春嘗果 方今櫻桃孰 可獻[2] 願陛下出 因取櫻桃獻宗廟 上酒許之 諸果獻由此興

① 無過擧무과거

색은 살펴보니 거동에 허물이 있음을 이른다. 《좌전》에서 말한다. "군주의 거동은 반드시 기록한다."

案 謂擧動有過也 左傳云君擧必書

② 櫻桃孰 可獻앵도숙 가헌

[색은] 살펴보니 《여씨춘추》에서 말한다. "중춘에 함도를 먼저 종묘에 바쳐 올린다." 고유가 말했다. "함도를 올린다. 앵조鸎鳥가 물고 온 것이므로 함도含桃라고 한다." 지금의 빨간 앵두가 곧 이것이다.

案 呂氏春秋 仲春羞以含桃先薦寢廟 高誘云進含桃也 鸎鳥所含 故曰含桃 今之朱櫻卽是也

[신주] 《여씨춘추》에는 중춘仲春이 아니라 중하仲夏로 되어 있다. 따라서 앵두는 봄이 아니라 여름에 익으므로 [색은]에서 《여씨춘추》를 잘못 인용하였다.

태사공은 말한다.

속담에 "1,000금의 갖옷은 한 마리 여우의 겨드랑이 털로 된 것이 아니다. 높은 누대의 서까래는 나무 하나의 가지로 된 것이 아니다. 삼대三代의 사이는 사인 한 명의 지혜로 된 것이 아니다."라고 했는데, 믿음이 간다.

대저 고조는 미천한 신분으로 일어나 해내를 평정하고 계모計謀로 용병했으니 힘을 다했다고 할 수 있다. 그러나 유경은 가로막대를 걷어치우고 한 번 유세하여 만세의 평안함을 세웠으니 지혜를 어찌 전담할 수 있겠는가. 숙손통은 세상에 쓰이기를 바라고, 제도와 예법을 제정하는 데 힘쓰고 시세 변화에 따라 나아가고 물러나서 끝내 한나라 유가의 으뜸이 되었다. "크게 곧은 것은 굽은 듯하고[1] 길은 본래 구불구불하다[2]"고 했으니, 아마 이를 일컬은 것이구나!

太史公曰 語曰 千金之裘 非一狐之腋也 臺榭之榱 非一木之枝也 三代
之際 非一士之智也 信哉 夫高祖起微細 定海內 謀計用兵 可謂盡之矣
然而劉敬脫輓輅一說 建萬世之安 智豈可專邪 叔孫通希世度務 制禮
進退與時變化 卒爲漢家儒宗 大直若詘① 道固委蛇② 蓋謂是乎

① 詘굴

색은 詘의 발음은 '굴屈'이다.

音屈

② 委蛇위이

색은 委의 발음은 '이移'이다.

音移

색은술찬 사마정이 펼쳐서 밝히다.

큰 집은 많은 뼈대를 바탕으로 하고 갖옷은 여우 한 마리로 되지 않는
다. 가로막대를 밀치고 유세를 바치며 풀을 이어 표시하고 글을 펼쳤다.
황제는 비로소 귀해졌고 거가를 타고 서쪽에 도읍하게 했다. 태자를 편
안하게 했으며 또 흉노와 화친하게 했다. 봉춘군과 직사군은 계획할 수
있어서 공을 이루었구나!

廈藉衆幹 裘非一狐 委輅獻說 縣蕝陳書 皇帝始貴 車駕西都 旣安太子 又和匈
奴 奉春稷嗣 其功可圖

사기 제100권 史記卷一百

계포난포열전 季布欒布列傳

사기 제100권 계포난포열전 제40
史記卷一百 季布欒布列傳第四十

신주 〈계포난포열전〉은 서한 초기의 신하였던 계포季布와 난포欒布 열전이다.

계포는 초나라 사람이다. 항우項羽와 동향인 하상현下相縣 출신인데 지금의 강소성 숙천시宿遷市에 해당한다. 젊어서부터 약자를 도왔던 협객으로도 유명하다. 항우로부터 신뢰가 두터웠으며 자부심과 의협심이 풍부해서 초나라에서도 세평이 좋았다. 항우는 계포를 장군으로 삼고 군사를 맡기자, 여러 차례 유방劉邦을 궁지에 빠뜨렸다. 항우가 멸망하니 고조는 현상금을 걸고 계포를 찾게 했다. 계포는 복양의 주씨周氏 집에 잠복해 있었는데, 주씨는 "한나라가 현상금을 걸고 장군의 행방을 추적하고 있습니다. 머지않아 우리 집에도 추궁의 손길이 뻗쳐올 것입니다. 만일 장군께서 내가 말하는 대로 하신다면 저에게 계책이 있습니다. 제 말대로 하실 것으로 믿지만, 부득이 그렇게 할 수 없다면 수색자들이 여기에 들이치기 전에 자결하십시오."라고 했다. 계포가 알겠다고 하자, 주씨는 계포의 머리카락을 자르고 목에 칼을 채우고 허름한 옷을 입혀 막이 쳐진 수레에 태워 하인 수십 명에게 노나라 주가朱家에 가서 계포의 신병을 팔게 했다. 주가는 이 사람이 계포임을 알면서도 사들여 자신의 밭에서 일하게 하였다. 주가는 자식들에게 당부하기를 "경작은 이 종의 말대로 하고 늘 기거를 함께하라."고 하였다. 결국 주가는 등공滕公에게 알렸고, 등공의 말을 들은 유방은 계포를 용서하고 낭중의 벼슬을 내렸다.

난포는 양梁 땅 사람으로 탕군碭郡 출신이다. 지금의 하남성 영성시 永城市에 해당한다. 진말한초의 부장이었다. 그는 팽월彭越이 과거 평민 일 때 함께 놀았는데, 둘은 집이 곤궁해서 제나라에서 품을 팔아 술집에서 일했다. 팽월과 헤어진 뒤 팔려서 연나라에서 노예가 되었는데 그 집 주인의 원수를 갚아준 일로 연나라 장수 장도臧荼에 의해 도위都尉로 발탁되었다. 장도가 연나라 왕이 되었을 때 장수로 삼았다. 장도가 반기를 들자 난포가 사로잡혔다. 양왕梁王이 되어 있던 팽월이 임금에게 말해 난포를 용서하고 양나라 대부大夫로 삼기를 청했다. 그러나 난포가 사신이 되어 제나라로 간 사이에 팽월은 반란 혐의를 받고 삼족이 몰살되었다. 팽월은 낙양에서 효수되었는데 이를 거두는 자에게는 체포하라는 조칙이 내려졌다. 난포는 그 머리에 제사를 지내고 곡을 했다는 이유로 불려갔다. 유방은 너도 "팽월과 함께 반란을 일으키려 했느냐? 이 자를 삶아 죽여라."라고 했다. 난포는 그때 "팽왕이 없었다면 항우를 멸망시킬 수 없었습니다. 반란의 증거도 드러나지 않았는데 죽였으니 공신들은 자신도 위태롭다고 생각하지 않겠습니까? 지금 팽왕이 죽었으니 나도 죽겠습니다. 빨리 삶아 죽이시오."라고 말했다. 유방은 그를 용서하고 도위都尉로 삼았다.

《태사공자서》에 따르면, 이 열전은 강직함을 억누르고 유연한 처신으로 중신이 되었으며, 권력자의 위세에 겁내지 않고 죽은 주인에 대해서도 성실함을 관철한 계포와 난포를 위해 지어졌다고 한다. 두 사람은 자신의 입신출세나 보신을 위해 처신을 한 것이 아니다. 자찬에서도 볼 수 있듯 그들은 진실로 죽음에 대처하는 방법을 알고 있었다. 그래서 무제武帝의 역린을 건드리면서까지 이릉李陵을 변호해서 궁형宮刑의 굴욕을 겪고, 그 굴욕을 참으면서까지 《사기》를 썼던 사마천의 삶의 궤적을 볼 때, 사마천이라는 인간적 삶의 방식을 헤아리는 잣대가 되고 있으며, 또한 《사기》 전체를 꿰뚫는 중요한 모티브가 되고 있다는 평이다.

시대에 당당히 순응한 계포

계포季布는 초나라 사람이다. 의기와 임협으로[1] 초나라에서 명성이 있었다. 항적은 그에게 병사를 거느리도록 해서 여러 차례 한왕을 곤란하게 만들었다.[2] 항우가 멸망하자 고조는 1,000금의 현상을 걸어 계포를 찾게 했으며, 감히 숨겨 주는 자가 있으면 그의 죄는 삼족三族을 멸하는 데 이른다고 했다.

季布者 楚人也 爲氣任俠[1] 有名於楚 項籍使將兵 數窘漢王[2] 及項羽滅 高祖購求布千金 敢有舍匿 罪及三族

① 爲氣任俠위기임협

[집해] 맹강이 말했다. "도道로 사귀어 믿는 것을 임任이라 한다." 여순이 말했다. "서로 믿음을 함께하는 것을 임任이라고 하고, 옳고 그른 것을 함께하는 것을 협俠이라고 한다. 이른바 권세를 주리州里에 행하고 힘으로 공후公侯를 꺾는 것이다." 어떤 이는 임任은 기력氣力이라고 했고, 협俠은 호방함이라고 했다.

孟康曰 信交道曰任 如淳曰 相與信爲任 同是非爲俠 所謂權行州里 力折公侯者也 或曰任 氣力也 俠 傔也

[색은] 任의 발음은 '음[而禁反]'이고 俠의 발음은 '협協'이다. 여순이 말

했다. "서로 함께하는 것을 임任이라고 하고, 옳고 그른 것을 함께하는 것을 협俠이라 한다. 권세를 주리州里에 행하고 힘으로 공후公侯를 꺾는 것이다."라고 했는데 그의 설명이 근접한 것이다. 傅의 발음은 '병[普丁反]'이니 그 뜻을 깨우치기 어렵다.

任 而禁反 俠音協 如淳曰相與爲任 同是非爲俠 權行州里 力折公侯者 其說爲近 傅音普丁反 其義難喻

② 數窘漢王삭군한왕

집해 여순이 말했다. "군窘은 곤란함이다."

如淳曰 窘 困也

> 계포는 복양濮陽의 주씨周氏네 집에 숨어 있었다. 주씨가 말했다.
> "한나라는 장군에게 현상금을 걸어 다급하게 찾고 있는데, 행방을 추적하면 장차 신의 집에 이르게 될 것입니다. 장군께서 신의 말을 듣는다면 신은 감히 계획을 바치겠습니다. 할 수 없는 것이라면 원컨대 먼저 자결하십시오."
> 계포가 그렇게 하겠다고 허락했다. 이에 계포에게 머리를 깎게 하고 칼을 씌워서 갈포옷을 입히고 광류거廣柳車 속에① 넣어서 그집안의 하인들 수십여 명과 합쳐 노魯나라 주가朱家의 집에 팔려갔다. 주가는 마음속으로 이 사람이 계포인 것을 알고도 이에 사서 밭에 두었다. 그리고 그의 아들을 타일러서 말했다.
> "밭일은 이 종의 말을 따르고 반드시 함께 식사 하라."

季布匿濮陽周氏 周氏曰 漢購將軍急 迹且至臣家 將軍能聽臣 臣敢獻
計 卽不能 願先自剄 季布許之 迺髠鉗季布 衣褐衣 置廣柳車中① 幷與
其家僮數十人 之魯朱家所賣之 朱家心知是季布 迺買而置之田 誡其
子曰 田事聽此奴 必與同食

① 廣柳車中광류거중

[집해] 복건이 말했다. "동군東郡에서는 광철거廣轍車를 일러 '유柳'라고 한
다." 등전이 말했다. "모두 관棺을 꾸미는 것이다. 상거喪車에 실어서 사람이
알지 못하게 하고자 한 것이다." 이기가 말했다. "대우거大牛車이다. 수레 위
를 덮는 것을 버들로 만든 것이다." 신찬이 말했다. 《무릉서》 속에 광류거
가 있는데 현마다 수백 대로, 곧 지금 대거大車로 운전하는 것이 이것이다."
服虔曰 東郡謂廣轍車爲柳 鄧展曰 皆棺飾也 載以喪車 欲人不知也 李奇曰 大
牛車也 車上覆爲柳 瓚曰 茂陵書中有廣柳車 每縣數百乘 是今運轉大車是也

[색은] 살펴보니 복건과 신찬이 의거한 바는 동군東郡에서 광철거廣轍車
를 일러 광류거라고 한다고 했고, 《무릉서》에는 현마다 광류거 수백 대
가 있다고 하였으니 모두 큰 수레로 실어 운송을 맡은 것으로 통틀어 이
름을 광류거라고 한다. 그렇다면 곧 유柳는 수레를 통틀어 이름한 것이
다. 등전이 설명하는 바에, '유柳는 모두 관棺의 장식이고 상거喪車에 실
어서 남이 알지 못하게 하고자 한 것이다.'라고 했는데, 일의 뜻이 서로
어울려 가장 진실에 통한다. 그러므로 《예기》에서 "버드나무 덮개를 설
치해 사람으로 하여금 싫어하지 않게 한 것이다."라고 했는데, 정현은
《주례》에 주석하여 "유柳는 모으는 것이고 여러 장식이 모이는 것이다."
라고 했다. 곧 이것은 상거喪車를 유柳라고 일컬은 것으로 후세 사람이

통틀어 거車를 일러 유柳라고 한다는 것이다.

案 服虔臣瓚所據 云東郡謂廣轊車爲廣柳車 及茂陵書稱每縣廣柳車數百乘 則凡大車任載運者 通名廣柳車 然則柳爲車通名 鄧展所說 柳皆棺飾 載以喪車 欲人不知也 事義相協 最爲通允 故禮曰 設柳翣 爲使人勿惡也 鄭玄注周禮云 柳 聚也 諸飾所聚也 則是喪車稱柳 後人通謂車爲柳也

주가는 이에 초거輻車①를 타고 낙양으로 가서 여음후汝陰侯 등공滕公(하후영)을 만나보았다. 등공은 주가를 머무르게 하고 수일 동안 술을 마셨다. 이러한 것을 계기로 주가는 등공에게 말했다.

"계포는 무슨 큰 죄가 있어서 주상께서 급하게 찾으십니까?"

등공이 말했다.

"계포는 자주 항우를 위해 주상을 곤욕스럽게 해 주상이 원망하고 있으므로 반드시 체포하고자 하는 것이오."

주가가 말했다.

"군께서 보시기에 계포는 어떠한 사람 같습니까?"

하후영이 말했다.

"현명한 자입니다."

주가가 말했다.

"신하는 각각 그의 군주를 위해 쓰입니다. 계포는 항적을 위해 쓰였으니 직분일 뿐입니다. 항씨의 신하들을 모두 죽일 수 있겠습니까? 지금 주상께서 막 천하를 얻으셨는데 유독 자신의 사사로운 원한으로 한 사람을 찾아서, 어찌 천하에 (마음이) 넓지 않다는 것을 보이십니까? 또 계포와 같은 현명한 이를 한나라에서 찾는 것을 이와 같이 급박하게 한다면, 이것은 북쪽의 호胡로 달아나지 않는 다면 남쪽의 월越로 달아나게 할 뿐입니다. 대저 장사壯士를 꺼려 하여 적국을 돕는 것이니 이것은 오자서가 초나라 평왕平王의 무덤에 매를 친 까닭입니다. 군君께서는 어찌 조용할 때 주상에게 말씀하지 않으십니까?"

여음후 등공은 마음속으로 주가朱家가 대협大俠임을 알고 있었으며, 계포가 그의 집에 숨어 있는 것으로 여기고 이에 허락해서 말했다. "그렇게 하겠소."

고조의 한가한 틈을 기다렸다가 틈을 내어 과연 주가가 가리킨 것처럼 말했다. 주상은 이에 계포를 사면했다. 이때 여러 공公은 모두 계포가 자신의 강함을 꺾고 유순하게 된 것을 칭찬했고, 주 가 또한 이러한 것으로 명성이 당세에 알려졌다. 계포는 불려가서 뵙자 사죄하였고, 주상은 제수해 낭중郎中으로 삼았다.

朱家迺乘軺車①之洛陽 見汝陰侯滕公 滕公留朱家飮數日 因謂滕公曰 季布何大罪 而上求之急也 滕公曰 布數爲項羽窘上 上怨之 故必欲得 之 朱家曰 君視季布何如人也 曰 賢者也 朱家曰 臣各爲其主用 季布爲 項籍用 職耳 項氏臣可盡誅邪 今上始得天下 獨以己之私怨求一人 何 示天下之不廣也 且以季布之賢而漢求之急如此 此不北走胡卽南走越 耳 夫忌壯士以資敵國 此伍子胥所以鞭荊平王之墓也 君何不從容爲上 言邪 汝陰侯滕公心知朱家大俠 意季布匿其所 迺許曰 諾 待閑 果言如 朱家指 上迺赦季布 當是時 諸公皆多季布能摧剛爲柔 朱家亦以此名 聞當世 季布召見 謝 上拜爲郎中

① 輜車초거

집해 서광이 말했다. "마차이다."

徐廣曰 馬車也

색은 살펴보니 가벼운 수레를 이른 것이며 한 마리의 말이 끄는 수레이다.

案 謂輕車 一馬車也

효혜제 때에 중랑장中郎將이 되었다. 선우單于는 일찍이 편지를 보내 여후를 모욕하고 불손하기까지 했다. 여후가 대노하여 여러 장수를 불러서 의논했다. 상장군 번쾌가 말했다.

"신이 원컨대 10만의 군사를 얻어 흉노 안에서 휘젓고 다니겠습니다."

여러 장수가 모두 여후의 뜻에 아첨해 말했다.

"그렇게 하십시오."

계포가 말했다.

"번쾌를 참수하셔야 옳습니다. 대저 고제께서 군사 40여만 명을 거느리고도① 평성에서 곤욕을 당했는데, 지금 번쾌가 어찌 10만 군사로 흉노 안을 휘젓고 다닌다고 하는 것입니까? 이는, 면전에서 속이는 것입니다. 또 진秦나라는 호胡를 방비하려던 일 때문에② 진승 등이 일어났습니다. 지금 (전쟁의) 상처가 치유되지 않았는데 번쾌가 또 면전에서 아첨해 천하를 요동시키고자 하고 있습니다."

이때 전상殿上에서 모두 두려워하자, 태후는 조회를 파하고 마침내 다시는 흉노를 칠 일을 의논하지 않았다.

孝惠時 爲中郞將 單于嘗爲書嫚呂后 不遜 呂后大怒 召諸將議之 上將
軍樊噲曰 臣願得十萬衆 橫行匈奴中 諸將皆阿呂后意曰 然 季布曰 樊
噲可斬也 夫高帝將兵四十餘萬衆 ① 困於平城 今噲奈何以十萬衆橫行
匈奴中 面欺 且秦以事於胡 ② 陳勝等起 于今創痍未瘳 噲又面諛 欲搖
動天下 是時殿上皆恐 太后罷朝 遂不復議擊匈奴事

① 兵四十餘萬衆병사십여만중

신주 《사기지의》에서 말한다. "(본문의) '사四' 자는 당연히 '삼三' 자가
되어야 한다. 여기서는 계포의 말을 기술하면서 자못 생략했는데, 마땅
히 《한서》의 〈계포전〉과 〈흉노전〉을 참고해야 한다."

② 秦以事於胡진이사어호

신주 흉노를 방비한다는 명목으로 장성을 쌓느라 많은 사람을 동원해
고된 노역을 시키는 바람에 민심이 이탈해 반란으로 이어졌다는 말이다.

계포는 하동군수가 되었다. 효문제 때 계포가 현명하다고 말하는
자가 있어서 효문제는 불러서 어사대부로 삼으려고 했다. 그런데
다시 계포가 용감하지만 술주정을 하니 가까이 하기 어렵다고 ①
말하는 자가 있었다. (계포가 부름을 받고) 이르렀다가 관사에 1개월
쯤 머물렀는데 알현을 그만두게 했다. 계포가 그로 인해 나아가
말했다.

"신은 공로가 없었는데 총애를 입고 하동에서 죄를 기다리고 있었습니다.[2] 폐하께서 까닭도 없이 신을 부르셨는데 이것은 누군가 반드시 신으로써 폐하를 속인 자가 있었을 것입니다. 지금 신이 이르러 사무를 받는 바가 없고 물러가게 되었는데, 이것은 누군가 반드시 신을 헐뜯는 자가 있었을 것입니다. 대저 폐하께서는 한 사람의 칭찬으로 신을 부르시고 한 사람의 헐뜯음으로 신을 버리시는데 신은 천하에서 유식한 자가 (이 소식을) 듣고 폐하를 엿볼까[3] 걱정입니다."

주상은 잠자코 부끄러워했으며 한참 있다가 말했다.

"하동은 나의 팔과 다리와 같은 군이다. 그러므로 특별히[4] 그대를 불렀을 뿐이오."

계포는 하직하고 관직으로 갔다.

季布爲河東守 孝文時 人有言其賢者 孝文召 欲以爲御史大夫 復有言其勇 使酒難近[1] 至 留邸一月 見罷 季布因進曰 臣無功竊寵 待罪河東[2] 陛下無故召臣 此人必有以臣欺陛下者 今臣至 無所受事 罷去 此人必有以毀臣者 夫陛下以一人之譽而召臣 一人之毀而去臣 臣恐天下有識聞之 有以闚[3]陛下也 上默然慙 良久曰 河東吾股肱郡 故特[4]召君耳 布辭之官

① 使酒難近사주난근

[색은] 使의 발음은 통상적인 발음대로 읽고 近의 발음은 '근[其靳反]'이다. 술로 말미암아 성질을 멋대로 부리는 것을 사주使酒라고 하니 곧 술주정이다.

使音如字 近音其靳反 因酒縱性謂之使酒 卽酗酒也

② 待罪河東대죄하동

[색은] 계포는 자신이 공로와 능력이 없는데 간절히 은총을 입어 하동에서 죄를 기다리는 것을 얻었다고 말한 것이다. 그의 이야기가 생략된 문장이다.

季布言己無功能 竊承恩寵 得待罪河東 其詞典省而文也

③ 闚규

[집해] 위소가 말했다. "폐하의 깊고 얄팍한 것을 엿본다는 것이다."

韋昭曰 闚見陛下深淺也

④ 特특

[신주] 《사기지의》에서 말한다. "《사기전증》에서 '特 자는 송본에는 時 자로 되어있다.'고 한다. 예사가 말하기를 '선본善本이라야 올바르게 特 자가 있다.'라고 했다. 유진옹이 말하기를 '特 자가 비록 옳을 수 있지만, 時 자에는 미치지 못한다.'고 했다. 《한서》에는 時 자라고 했다."

초나라 사람 조구생曹丘生은 말을 잘하는 사인인데 수차 권세를 구해서 금전을 바쳤다.① 귀인 조동趙同② 등을 섬기고 두장군竇長君③과 잘 지냈다. 계포가 듣고 글을 보내서 두장군에게 간해서 말했다.

"나는 듣자니 조구생은 뛰어난 사람이 아닙니다. 함께 왕래하지 마십시오."

조구생이 고향으로 돌아감에 이르러 계포를 만나보려고 소개편지를 청했다.[④] 두장군이 말했다.

"계장군이 족하를 기뻐하지 않으니 족하는 가지 마시오."

굳이 글을 청해 마침내 갔다. 사람을 시켜 먼저 편지를 펴보게 하자 계포가 과연 크게 노하고 조구생을 기다리게 했다. 조구생이 이르러 곧바로 계포에게 읍을 하고 말했다.

"초나라 사람들의 속담에는 '황금 100근을 얻는 것은 계포의 한 번 승낙을 얻는 것만 같지 못하다.'라고 했습니다. 족하께서는 어찌 이러한 명성을 양梁과 초楚 땅 사이에서만 얻습니까? 또 저는 초나라 사람이고 족하도 초나라 사람입니다. 제가 족하의 명성을 천하에 유람하면서 드날리는 것이 도리어 중요하다고 생각하지 않습니까? 어찌 족하는 저의 깊은 뜻을 막는 것입니까?"

계포가 이에 크게 기뻐하고 이끌어 들여서 수개월을 머무르도록 하고 상객으로 삼아 두텁게 대우해 보냈다. 계포의 명성이 더욱더 알려지게 된 까닭은 조구생이 드날렸기 때문이다.

楚人曹丘生 辯士 數招權顧金錢[①] 事貴人趙同[②]等 與竇長君[③]善 季布 聞之 寄書諫竇長君曰 吾聞曹丘生非長者 勿與通 及曹丘生歸 欲得書 請季布[④] 竇長君曰 季將軍不說足下 足下無往 固請書 遂行 使人先發 書 季布果大怒 待曹丘 曹丘至 卽揖季布曰 楚人諺曰 得黃金百(斤) 不 如得季布一諾 足下何以得此聲於梁楚間哉 且僕楚人 足下亦楚人也 僕游揚足下之名於天下 顧不重邪 何足下距僕之深也 季布迺大說 引 入 留數月 爲上客 厚送之 季布名所以益聞者 曹丘揚之也

① 招權顧金錢초권고금전

집해 맹강이 말했다. "초招는 구함이다. 금전으로 권력과 귀인을 섬겨 그의 형세를 구해 얻어서 스스로를 빛나게 하는 것이다." 문영이 말했다. "권력과 귀인을 섬기는 것이다. 더불어 세력과 통해서 그가 소유한 재물을 가지고 청탁하며 금전을 스스로 바치는 것이다."

孟康曰 招 求也 以金錢事權貴 而求得其形勢以自炫燿也 文穎曰 事權貴也 與通勢 以其所有辜較 請託金錢以自顧

색은 뜻은 맹강과 문영이 설명하는 바와 같다. 辜較의 발음은 '고각姑角'이다.

義如孟康文穎所說 辜較音姑角

정의 조구생은 귀인에 의지해 권세를 사용해 청탁해 자주 다른 사람에게 요구했다. 고전顧錢은 금전을 상으로 주는 것이다.

言曹丘生依倚貴人 用權勢屬請 數求他人 顧錢 賞金錢也

신주 고각辜較은 긁어모아 움켜쥐고 있는 재물이다.

② 趙同조동

집해 서광이 말했다. "《한서》에는 '조담趙談'으로 되어 있다. 사마천은 그의 아버지 이름이 담談이므로 고친 것이다."

徐廣曰 漢書作趙談 司馬遷以其父名談 故改之

신주 〈평원군우경열전〉에서 이담李談의 이름을 이동으로 고친 것과 같다.

③ 竇長君두장군

신주 당시 황후인 두황후의 오라비이다.

④ 請季布청계포

집해 장안이 말했다. "두장군으로 하여금 계포에게 소개시키도록 해 만나보기를 청하고자 한 것이다."
張晏曰 欲使竇長君爲介於布 請見

계포의 아우 계심季心①은 기개가 관중關中을 덮었는데도 남을 공손히 삼가며 대우했다. 임협의 뜻을 행하여 사방 수천 리에서 사인들이 모두 그를 위해 죽기를 다투었다. 일찍이 사람을 죽이고 오나라로 도망쳐 원사袁絲를 따라서 숨었다.② 오래 원사를 섬겼으며 관부灌夫와 적복籍福의 무리를 아우같이 길렀다. 일찍이 중위사마가 되었다.③ 중위 질도郅都는 감히 계심에게 예를 더하지 않을 수 없었다. 소년들이 대부분 때때로 그의 이름을 도용해④ 행동했다. 이때 계심은 용맹함으로, 계포는 (부탁을 받으면) 들어주는 것으로 대개 관중에 소문났다.

季布弟季心① 氣蓋關中 遇人恭謹 爲任俠 方數千里 士皆爭爲之死 嘗殺人 亡之吳 從袁絲匿② 長事袁絲 弟畜灌夫籍福之屬 嘗爲中司馬③ 中尉郅都不敢不加禮 少年多時時竊籍④其名以行 當是時 季心以勇 布以諾 著聞關中

① 心심

집해 서광이 말했다. "다른 판본에는 '자子'로 되어 있다."
徐廣曰 一作子

② 從袁絲匿종원사닉

[색은] 원앙袁盎의 자가 사絲이다.

盎字絲

③ 中司馬중사마

[집해] 여순이 말했다. "중위의 사마이다."

如淳曰 中尉之司馬

[색은] 《한서》에는 '중위사마'로 되어 있다.

漢書作中尉司馬

④ 竊籍절적

[색은] 籍의 발음은 '적[子亦反]'이다.

籍音子亦反

계포 어머니의 아우 정공丁公①은 초나라 장수였다. 정공은 항우를 위해 고조를 팽성 서쪽에서 쫓아 곤경에 빠뜨려 짧은 칼로 접전을 하였는데, 고조는 다급해지자 정공을 돌아보고 말했다.

"두 사람이 어진 이인데 어찌 서로를 곤욕스럽게 하는가?"

이에 정공이 군사를 이끌고 돌아가자 한왕은 마침내 풀려나서 달아났다. 항왕이 멸망함에 이르러 정공은 명함을 내밀고 고조를 만났다. 고조는 정공을 군중軍中에 조리돌리고 말했다.

"정공은 항왕의 신하가 되어 불충했다. 항왕으로 하여금 천하를 잃어버리게 한 자도 이 정공이다."

마침내 정공을 참수하고 말했다.

"후세로 하여금 남의 신하가 되어서 정공을 본받을 일이 없도록 하라."

季布母弟丁公^① 爲楚將 丁公爲項羽逐窘高祖彭城西 短兵接 高祖急 顧丁公曰 兩賢豈相戹哉 於是丁公引兵而還 漢王遂解去 及項王滅 丁公謁見高祖 高祖以丁公徇軍中 曰 丁公爲項王臣不忠 使項王失天下者迺丁公也 遂斬丁公曰 使後世爲人臣者無效丁公

① 丁公정공

집해 진작이 말했다. "《초한춘추》에는 설 땅 사람이고, 이름을 고固라고 했다."

晉灼曰 楚漢春秋云薛人 名固

색은 살펴보니 계포의 외삼촌을 이른다.

案 謂布之舅也

유방 앞에서 당당한 난포

난포는 양梁 땅 사람이다. 처음에 양왕 팽월彭越이 일반 백성이었
을 때[①] 일찍이 난포와 교류했다. 집이 곤궁해 제나라에서 품팔이
를 했고 술집의 고용인이 되기도 했다.[②]

여러 해를 지나자 팽월은 떠나 거야巨野 안에서 도둑이 되었는데,
난포는 남에게 붙잡혀 팔려가서 연나라에서 종이 되었다가 집주
인의 원수를 갚아 주었다. 연나라 장수 장도臧荼가 그를 천거하여
도위都尉로 삼았다. 장도는 뒤에 연왕이 되었고 난포를 장수로 삼
았다. 장도는 반역하기에 이르자 한나라는 연나라를 쳤으며 난포
는 포로가 되었다. 양왕 팽월이 듣고 이에 주상에게 진언하여 난
포를 속죄금으로 구하고 양나라 대부로 삼았다.

欒布者 梁人也 始梁王彭越爲家人時[①] 嘗與布游 窮困 賃傭於齊 爲酒
人保[②] 數歲 彭越去之巨野中爲盜 而布爲人所略賣 爲奴於燕 爲其家主
報仇 燕將臧荼擧以爲都尉 臧荼後爲燕王 以布爲將 及臧荼反 漢擊燕
虜布 梁王彭越聞之 迺言上 請贖布以爲梁大夫

① 家人時가인시

謂居家之人 無官職也

② 酒人保주인보

집해 《한서음의》에서 말한다. "술집에서 고용인이 되었다. 보증하여 믿을 만하므로 보保라고 일렀다."

漢書音義曰 酒家作保傭也 可保信 故謂之保

(난포가) 제나라에 사신으로 가서 돌아오지 않았는데, 한나라에서 팽월을 불러 반역을 꾀한 것을 꾸짖고 삼족三族을 멸했다. 이윽고 팽월의 머리를 낙양성 아래에 걸어놓고 조서를 내려 말했다.

"감히 수습하여 돌보는 자가 있으면 바로 체포할 것이다."

난포는 제나라로부터 돌아와서 팽월의 머리 아래에서 업무를 아뢰고 제사하며 곡을 했다. 관리는 난포를 체포해서 보고했다. 주상은 난포를 불러 꾸짖어 말했다.

"너는 팽월과 반역했느냐? 나는 사람들에게 거두지 말라고 금지시켰는데 너는 홀로 제사를 지내고 곡을 했으니 팽월과 함께 반역한 것이 분명하다. 빨리 삶아버려라.①"

바야흐로 끓는 물로 끌려가면서② 난포가 돌아보고 말했다.

"한 마디 말하고 죽기를 바랍니다."

주상이 말했다.

"무엇을 말하려느냐?"

使於齊 未還 漢召彭越 責以謀反 夷三族 已而梟彭越頭於雒陽下 詔曰
有敢收視者 輒捕之 布從齊還 奏事彭越頭下 祠而哭之 吏捕布以聞 上
召布 罵曰 若與彭越反邪 吾禁人勿收 若獨祠而哭之 與越反明矣 趣亨
之① 方提趣②湯 布顧曰 願一言而死 上曰 何言

① 趣亨之촉팽지

[색은] 趣의 발음은 '촉促'이고 亨의 발음은 '팽[普盲反]'이다. 신속하게 솥
으로 달려가도록 한 것을 이른다.

上音促 下音普盲反 謂疾令赴鑊也

② 提趣제추

[집해] 서광이 말했다. "취趣는 다른 판본에는 '주走'로 되어 있다."

徐廣曰 一作走

[색은] 앞 글자 提의 발음은 '제啼'이고 뒷 글자 趣의 발음은 '추趨'이다.
서광은 다른 판본에는 '주走'로 되어 있다고 하였는데, 주走 또한 향해 달
리는 것이다.

上音啼 下音趨 徐廣云一作走 走亦趣向之也

난포가 말했다.

"바야흐로 주상은 팽성에서 곤경에 처했고 형양과 성고 사이에
서 패배했는데도 항왕이 마침내 서쪽으로 갈 수 없었던 까닭은

다만 팽왕이 양 땅에 있으면서 한나라와 합종해 초나라를 괴롭혔기 때문입니다. 당시 팽왕이 한 번 돌아보고 초나라와 함께했다면 한나라는 부서졌을 것인데, 한나라와 함께해서 초나라가 부서진 것입니다. 또 해하垓下의 회합에서 팽왕이 아니었다면 항씨는 망하지 않았을 것입니다.

천하가 안정되고 나서 팽왕은 부절을 쪼개 봉함을 받아 또한 만세에 전하고자 했습니다. 지금 폐하께서 한 번 양나라에서 군사를 징집했는데, 팽왕은 병이 있어 가지 못했습니다. 그런데 폐하께서 반역한다고 의심하고 실체가 아직 드러나지 않았음에도 가혹하게 문초하고① 조사해 그를 죽여 없앴습니다. 신은 공신들 개개인이 스스로 위태롭게 여길까 두렵습니다. 지금 팽왕이 이미 죽었으니 신이 살아 있음은 죽은 것만 같지 못합니다. 청컨대 팽형으로 나아가겠습니다."

이에 주상은 난포의 죄를 사면하고 제수해 도위都尉로 삼았다.

布曰 方上之困於彭城 敗滎陽成皐間 項王所以〔遂〕不能〔遂〕西 徒以彭王居梁地 與漢合從苦楚也 當是之時 彭王一顧 與楚則漢破 與漢而楚破 且垓下之會 微彭王 項氏不亡 天下已定 彭王剖符受封 亦欲傳之萬世 今陛下一徵兵於梁 彭王病不行 而陛下疑以爲反 反形未見 以苛小① 案誅滅之 臣恐功臣人人自危也 今彭王已死 臣生不如死 請就亨 於是 上迺釋布罪 拜爲都尉

① 小小

집해 서광이 말했다. "소소는 다른 판본에는 '초峭'로 되어 있다."

徐廣曰 小 一作峭

효문제 때 연나라 재상이 되었다가 장군에 이르렀다. 난포가 이
에 말했다.

"곤궁할 때 자신을 치욕스럽게 하고 뜻을 낮추지 않는 자는 사람
이 아니다. 부하고 귀하게 되었는데도 뜻을 유쾌하게 하지 못하면
현명한 것이 아니다."

이에 일찍이 덕을 입은 자에게는 두텁게 보답하고, 원한이 있는
자들은 반드시 법으로 없앴다. 오나라와 초나라가 반역했을 때
군공軍功을 세워 수후兪侯에 봉해지고[1] 다시 연나라 재상이 되
었다. 연나라와 제나라 사이에는 모두 난포를 위해 사社를 세웠는
데 난공사欒公社라고 불렀다.

효경제 중5년에 죽었다. 아들 분賁이 계승하고 태상이 되었는데
희생물을 법도와 같지 않게 하여 봉국이 없어졌다.

孝文時 爲燕相 至將軍 布迺稱曰 窮困不能辱身下志 非人也 富貴不能
快意 非賢也 於是嘗有德者厚報之 有怨者必以法滅之 吳(軍)〔楚〕反時
以軍功封兪侯[1] 復爲燕相 燕齊之間皆爲欒布立社 號曰欒公社 景帝中
五年薨 子賁嗣 爲太常 犧牲不如令 國除

---

① 封兪侯봉수후

[집해] 서광이 말했다. "제나라를 공격해서 공로가 있었다."

徐廣曰 擊齊有功也

태사공은 말한다.

항우의 기세에서도 계포는 용맹으로 초나라에 (존재를) 드러냈다. 직접 (적의) 군대를 짓밟고[①] 깃발을 뽑은 것들이 여러 번이어서 장사라고 이를 만하다. 그러나 형벌을 당해 죽기에 이르러서는 남의 노예가 되어 죽지 않았으니, 어찌 그리 낮추었는가? 저 사람은 필시 그의 재주를 믿었기에 치욕을 당하고도 부끄러워하지 않았고 아직 제대로 펼쳐보지 못한 자신의 재능을 발휘하고 싶었다. 이 때문에 마침내 한나라 명장이 되었을 것이다.

현명한 자는 진실로 그의 죽음을 중히 여긴다. 대저 비첩婢妾이나 천박한 사람들이 설움을 느껴[②] 자살하는데, 용감한 것이 아니라 그가 계획할 것이 다시[③] 없을 뿐이다. 난포는 팽월에게 곡하고 끓는 물에 다가갈 것을 (집에) 돌아가는 것처럼 여겼는데, 저 사람은 진실로 죽을 곳을 알아서[④] 스스로 그의 죽음을 중히 여기지 않았던 것이다. 비록 옛날의 열사들이라도 무엇을 보태겠는가?

太史公曰 以項羽之氣 而季布以勇顯於楚 身履(典)軍[①] 搴旗者數矣 可謂壯士 然至被刑戮 爲人奴而不死 何其下也 彼必自負其材 故受辱而不羞 欲有所用其未足也 故終爲漢名將 賢者誠重其死 夫婢妾賤人感慨[②]而自殺者 非能勇也 其計畫無復[③]之耳 欒布哭彭越 趣湯如歸者 彼誠知所處[④] 不自重其死 雖往古烈士 何以加哉

① 履軍구군

집해 서광이 말했다. "구履는 다른 판본에는 '루屢'로 되어 있고 또 다

른 판본에는 '복覆'으로 되어 있다." 살펴보니 맹강이 말했다. "구屨는 밟고
뛰는 것이다." 신찬이 말했다. "루屢는 여러 번이라는 뜻이다."

徐廣曰 屨 一作屢 一曰覆 駰案 孟康曰屨 履蹈之也 瓚曰 屢 數也

색은 직접 군대를 짓밟았다는 뜻이다. 살펴보니 서광은 다른 판본에
는 '복覆'으로 되어 있다고 했는데, 아래를 살펴보니 건기搴旗라고 되어
있어 복군覆軍이 옳으며, 루屢와 리履보다 낫다.

身履軍 按 徐氏云一作覆 按下云搴旗 則覆軍爲是 勝於屢之與履

② 慨개

집해 서광이 말했다. "어떤 판본에는 '개槪'로 되어 있고, 발음과 뜻도
같다."

徐廣曰 或作槪字 音義同

③ 復부

집해 서광이 말했다. "부復는 다른 판본에는 '기冀'로 되어 있다."

徐廣曰 復 一作冀

④ 誠知所處성지소처

집해 여순이 말했다. "죽는 것이 어려운 것이 아니라 죽을 곳이 어려
운 것이다."

如淳曰 非死者難 處死者難

신주 〈계포난포열전〉의 논평은 진실로 사마천 자신의 일생에 대한 논
평이기도 하다. 치욕의 궁형宮刑을 당하고 삶을 마감할 수 있었지만 역사
서를 완성해야 한다는 사명감으로 함부로 죽지 않았다. 사람이 사명감을

가지고 있으면 목숨을 함부로 버리지 않는다. 죽음은 어렵지 않다. 죽을 곳을 찾는 일이 진정 어려운 법이다.

사마정이 펼쳐서 밝히다.

계포와 계심은 양나라와 초나라 사이에서 명성이 있었다. 100개의 금보다 (난포의) 승낙이 그럴싸했고 10만 군사를 일으킴을 막기에 이르렀다. 출사하여 하동에서 군수가 되었고 고굉으로 곧 참여했다. 난포는 팽월에게 곡하여 금법을 어겨 붙잡혔다. 솥으로 달려감을 원통해 하지 않았으니 진실로 죽을 곳을 알았구나!

季布季心 有聲梁楚 百金然諾 十萬致距 出守河東 股肱是與 欒布哭越 犯禁見虜 赴鼎非冤 誠知所處

사기 제101권 史記卷 二百一

원앙조조열전 袁盎鼂錯列傳

┌───┐
│ 사기 제101권 원앙조조열전 제41   │
│ 史記卷一百一 袁盎鼂錯列傳第四十一   │
└───┘

신주 원앙袁盎은 서한 초기 초나라 출신으로 자字는 사絲이다. 아버지는 초나라 출신으로 도적이었는데 나중에 장안 부근의 안릉安陵으로 이주했다. 원앙은 효문제 때 그의 형 원쾌袁噲 덕으로 관직에 등용되었다. 그는 유교사상이 짙은 인물로 신분을 강조하고 사람들에게 예禮의 규정에 따라 행동하도록 요구했다. 황제에게도 같은 잣대로 간언하는 강직한 성품이었다. 한번은 승상 강후絳候 주발이 임금에게 교만한 기색을 보였지만 임금이 그를 늘 친히 대하는 장면을 목격했다. 원앙은 "폐하께서 겸양하셔서 신하와 임금의 예를 잃는 것이니 폐하께서는 그런 입장을 취하지 말아야 한다."고 간언했다. 이 일로 문제文帝는 주발周勃에 대해서도 위엄을 갖추게 되었다. 이후 주발이 정승을 그만두고 영지로 돌아갔는데, 반란을 계획했다는 고발이 있어 하옥되었다. 아무도 그를 변호하지 않았지만 원앙이 나서서 "강후가 여씨의 반란을 진압했을 때 거기에는 옥새와 군권이 있었기 때문에 황제가 될 수도 있었을 겁니다. 그런데 영지로 돌아간 지금 반란을 일으킬 이유는 없습니다."라고 변호하며 문제에게 간언했다. 그 덕분에 주발은 사면되었다. 원앙은 문제 때 신임이 두터워 그의 말은 잘 받아들여졌지만, 경제景帝 때에는 조조의 지시로 오나라

왕의 재물을 받았다는 조사를 받고 나서 평민이 되었다. 이 열전은 원앙과 황제, 후비, 승상, 제후왕의 몇 가지 사건들이 소재의 중심으로 구성되어 있으며, 이런 사건들의 묘사를 통해 원앙의 성격이 또렷하게 부각되었다.

조조晁錯는 지금의 하남성 우주시禹州市인 영천潁川 사람이다. 조조는 문제 때 분서갱유로 폐기된《서경》을 배웠다. 법가사상의 영향을 받은 그는 법에 따라 행동할 것을 요구하고, 여러 차례 법령을 개정했으며, 나아가 중앙집권을 강화하고 제후왕의 세력 축소를 주장했다. 이를 위해 신하들의 반발을 무릅쓰고 부친의 권유도 거절하기도 했는데, 이 때문에 관료들과 부딪치게 되었고, '오초칠국의 난'에 명분을 제공하는 빌미가 되어 결국 참수되고 말았다. 그러나 억상정책, 제후왕 대책 등은 이후에도 답습된 정책이었고, 그 행동은 모두 경제가 승인한 것이었다.

조조는 오만함 때문에 주위와 갈등을 빚어 스스로 죽음에 이르렀다. 또한 조조를 죽음에 이르게 한 원앙도 후에 양왕 유무劉武(경제의 동생)가 제위를 잇는 것을 말리려고 경제에게 강력히 간언했다가 유무의 원한을 사서 자객에게 암살당했다.《사기》에서는 원앙과 조조의 열전을 합쳤는데,《한서漢書》에서도 이를 답습하고 있다.

재주로 화를 부른 원앙

원앙袁盎[1]은 초나라 사람이며 자는 시絲이다. 그의 아버지는 본래 도둑의 무리가 되었다가 이사해서 안릉安陵에서 살았다.

고후高侯 때 원앙은 일찍이 여록呂祿의 사인舍人이 되었다. 효문제가 즉위하자 원앙의 형인 쾌噲가 원앙을 보증해서 중랑中郎이 되었다.[2] 강후絳侯가 승상이 되자 조회를 파하고 종종걸음으로 나가는데 득의양양得意揚揚했다. 효문제는 예로써 공손하게 하고 항상 몸소[3] 배웅도 했다. 원앙이 나아가서 말했다.

"폐하께서는 승상을 어떤 사람으로 여기십니까?"

효문제가 말했다.

"사직을 위하는 신하이오."

袁盎[1]者 楚人也 字絲 父故爲群盜 徙處安陵 高后時 盎嘗爲呂祿舍人 及孝文帝卽位 盎兄噲任盎爲中郎[2] 絳侯爲丞相 朝罷趨出 意得甚 上禮之恭 常自[3]送之 袁盎進曰 陛下以丞相何如人 上曰 社稷臣

① 袁盎 원앙

색은 발음은《주례》의 앙제盎齊와 같다. 盎의 발음은 '앙[烏浪反]'이다.

音如周禮盎齊 烏浪反

② 任盎爲中郞임앙위중랑

[집해] 여순이 말했다. "원앙은 형에게 임용 보증을 받았다. 그러므로 중
랑中郞이 될 수 있었다."

如淳曰盎爲兄所保任 故得爲中郞

③ 自자

[집해] 서광이 말했다. "자自는 다른 판본에는 '목目'으로 되어 있다."

徐廣曰自 一作目

원앙이 말했다.

"강후는 이른바 공신功臣이지 사직의 신하는 아닙니다. 사직의 신
하란 군주가 있으면 함께 있고① 군주가 망하면 함께 망하는 것입
니다.② 바야흐로 여후 때에 여러 여씨가 정사를 할 때, (여씨를 도
와) 왕들을 멋대로 세우고 유씨들은 혁대처럼 간신히 끊어지지 않
을 뿐이었습니다. 이때 강후는 태위가 되었으며 병권兵權을 주관
했는데 바로 잡을 수 없었습니다. 여후가 붕어하고 대신들이 서
로 더불어 여러 여씨를 배반할 때, 태위는 군사를 주관해 마침내
그의 공로를 성취했을 뿐이니, 이른바 공신일 뿐이고 사직의 신하
는 아닙니다. 승상은 군주께 교만한 낯빛이 있는 듯합니다. 폐하
께서 겸양하시는 것은 신하와 군주 간에 예를 잃는 것입니다. 간
절히 폐하를 위해 취하지 마십시오."

盎曰 絳侯所謂功臣 非社稷臣 社稷臣主在與在^① 主亡與亡^② 方呂后時
諸呂用事 擅相王 劉氏不絶如帶 是時絳侯爲太尉 主兵柄 弗能正 呂后
崩 大臣相與共畔諸呂 太尉主兵 適會其成功 所謂功臣 非社稷臣 丞相
如有驕主色 陛下謙讓 臣主失禮 竊爲陛下不取也

① 主在與在주재여재

[집해] 여순이 말했다. "군주가 계실 때 그때의 일을 함께 다스리는 것
에 참여하는 것이다."

如淳曰 人主在時 與共治在時之事

[색은] 살펴보니 여순이 말했다. "군주가 계실 때는 그때의 일을 함께 다
스리는 것에 참여하는 것이다."

按 如淳云 人主在時 與共理在時之事也

② 主亡與亡주망여망

[집해] 여순이 말했다. "군주로서 망하지 않았는데도 그의 정령政令을
행하지 않는 것이다."

如淳曰 不以主亡而不行其政令

[색은] 여순이 말했다. "군주로서 망하지 않았는데도 그의 정령을 행하
지 않는 것이다." 살펴보니 여순의 설명이 뜻을 제대로 얻었다.

如淳云 不以人主亡而不行其政令 按 如說爲得

다음날 조회에서 주상이 더욱 엄중히 하자[1] 승상이 더욱 두려워
했다. 이윽고 강후가 원앙을 원망하면서[2] 말했다.

"나는 그대의 형과 친한데 지금 그대가 조정에서 나를 헐뜯는 것
인가?"

원앙은 그런데도 사죄하지 않았다.

강후는 승상에서 면직되어 봉국封國으로 나아갔는데, 봉국 사람
들이 글을 올려서 모반을 일으키려 함을 알리자 (조정으로) 불러서
취조실[3]에 감금했다. 종실이나 여러 공公도 감히 말하지 못했다.
오직 원앙만이 강후는 죄가 없다고 했다. 강후가 석방된 것은 원앙
의 힘이 자못 컸다. 강후는 그제서야 원앙과 크게 교제를 맺었다.

회남 여왕厲王이 조회에 들어왔다가 벽양후辟陽侯(심이기)를 살해했
으며 행동 거지가 매우 교만했다. 원앙이 간했다.

"제후가 크게 교만하면 반드시 우환이 발생할 것이니 적당히 토
지를 삭감해야 할 것입니다."

後朝 上益莊[1] 丞相益畏 已而絳侯望[2]袁盎曰 吾與而兄善 今兒廷毀我
盎遂不謝 及絳侯免相之國 國人上書告以爲反 徵繫淸室[3] 宗室諸公莫
敢爲言 唯袁盎明絳侯無罪 絳侯得釋 盎頗有力 絳侯乃大與盎結交 淮
南厲王朝 殺辟陽侯 居處驕甚 袁盎諫曰 諸侯大驕必生患 可適削地

① 莊장

[색은] 장莊은 엄嚴(엄숙하다)이다.

莊 嚴也

② 望망

정의 망望은 원怨(원망하다)이다.

望 怨也

③ 淸室청실

집해 《한서》에는 '청실請室'로 되어 있다. 응소가 말했다. "청실은 죄를 청하는 집이며 지금의 종하鍾下와 같다." 여순이 말했다. "청실은 옥獄이고 옛날에 전사씨甸師氏에게 형벌한 것과 같다."

漢書作請室 應劭曰請室請罪之室若今鍾下也 如淳曰請室獄也 若古刑於甸師氏也

효문제는 원앙의 말을 듣지 않았는데, 회남왕은 더욱 횡포해졌다. 극포후棘蒲侯 시무柴武①의 태자가 반역을 꾀하다 일이 발각되어 치죄하게 되었다. 이때 회남왕도 연루되어 회남왕이 소환되어 취조를 받았다. (회남왕이) 죄가 있어서 효문제는 이로 인해 회남왕을 촉蜀으로 옮겨 가게 했으며 함거檻車에 실어서 전마傳馬로 호송하게 했다. 원앙은 당시에 중랑장이 되었는데 이에 간언해서 말했다. "폐하께서는 회남왕이 평소 교만한 것을 조금도 금禁하지 않아서 이 지경에 이르렀는데 지금 또 강경하게 기를 꺾고자 하십니다. 회남왕의 사람됨이 강직하지만 만일 야위고 허약해져② 병을 만나면 길에서 죽는 일이 있게 될 수도 있을 것입니다. 이렇게 되면 폐하께서는 마침내 천하에서 크게 용서하지 못하시는 분이라고 여겨질 것이고 동생을 죽였다는 평판이 있게 되면 어찌하실 것입니까?"

효문제가 듣지 않고 드디어 행하게 했다. 회남왕이 옹 땅에 이르러 병들어 죽었다. 소식이 알려지자 임금은 식음을 전폐하고[3] 통곡하며 매우 슬퍼했다. 원앙이 들어가 머리를 조아리고 죄를 청했다. 효문제가 말했다.

"공公의 말을 듣지 않아서 여기에 이르렀다."

원앙이 말했다.

"주상께서는 스스로에 관대하십시오. 이것은 지나간 일인데 어찌 후회한다고 되겠습니까? 또 폐하께서는 세상에서 뛰어난 행동이 세 가지가 있으니 이것이 족히 명성을 훼손시키지 못할 것입니다."

上弗用 淮南王益橫 及棘蒲侯柴武[1]太子謀反事覺 治 連淮南王 淮南王徵 上因遷之蜀 轞車傳送 袁盎時爲中郎將 乃諫曰 陛下素驕淮南王 弗稍禁 以至此 今又暴摧折之 淮南王爲人剛 如有遇霧露[2]行道死 陛下竟爲以天下之大弗能容 有殺弟之名 柰何 上弗聽 遂行之 淮南王至雍 病死 聞上輟食[3]哭甚哀 盎入 頓首請罪 上曰 以不用公言至此 盎曰 上自寬 此往事 豈可悔哉 且陛下有高世之行者三 此不足以毀名

① 棘蒲侯柴武극포후시무

신주 극포棘蒲는 춘추시대에는 진晉나라 한 읍이었고, 전국시대에는 위魏나라에 속했다가 그 후 조나라 땅이 되었다. 한나라 고제高帝가 공신으로 시무柴武를 이곳에 봉해 극포후로 삼았다. 시무를 진무陳武라고도 한다.

② 霧露무로

신주 무霧는 혼몽昏蒙하다는 뜻이고, 로露는 야위고 허약하다는 뜻이다. 즉 회남왕이 촉蜀 땅으로 가는 귀양길에 몸이 약해져 병이 날 것을 우려한 것이다.

③ 輟食철식

신주 상床을 물리치고 식음을 전폐함을 말한다. 회남왕의 죽음에 심히 슬퍼함을 나타낸 것이다.

주상이 말했다.

"나에게 세상에서 뛰어난 행동 세 가지가 있다고 하니 무슨 일인가?"

원앙이 말했다.

"폐하께서 대왕代王으로 계실 때 태후께서 일찍이 3년 동안 병을 앓으셨는데, 폐하께서는 편하게 잠을 주무시지도 않으면서 옷의 띠도 푸시지 않고 탕약도 폐하께서 입으로 맛보시지 않으면 올리지 않았습니다. 대저 증삼曾參이 평민이었을 때에도 오히려 하기 어려운 일이었는데, 지금 폐하께서 왕자王者로서 친히 행하셨으니 증삼보다도 효행은 앞선 것입니다.

또 여러 여씨가 정권을 잡자 대신들이 오로지 그들을 제지했습니다. 그런데 폐하께서는 여섯 대의 마차에 타시고 예측하기 어려운 곳으로① 달려오셨으니 비록 맹분孟賁이나 하육夏育의 용맹으로도② 폐하에게 미칠 수 없었을 것입니다. 폐하께서는 대代의 관저에 이르러서 서쪽으로 향해서 천자의 자리를 두 번이나 사양했고 남쪽으로 향해서는 세 번이나 사양했습니다. 대저 허유許由도 한 번 사양했는데 폐하께서는 다섯 번이나 천하를 사양했으니 허유보다 네 번이나 넘었습니다. (이번 일은) 장차 폐하께서는 회남왕을 옮겨서 그의 마음을 괴롭게 해 허물을 고치고자 한 것입니다. 관리가 호위하는데 조심하지 않았으므로 병으로 죽은 것입니다."

上曰 吾高世行三者何事 盎曰 陛下居代時 太后嘗病 三年 陛下不交睫 不解衣 湯藥非陛下口所嘗弗進 夫曾參以布衣猶難之 今陛下親以王者脩之 過曾參孝遠矣 夫諸呂用事 大臣專制 然陛下從代乘六傳馳不測[1]之淵 雖賁育之勇[2]不及陛下 陛下至代邸 西向讓天子位者再 南面讓天子位者三 夫許由一讓 而陛下五以天下讓 過許由四矣 且陛下遷淮南王 欲以苦其志 使改過 有司衛不謹 故病死

① 不測불측

집해 신찬이 말했다. "대신이 함께 여러 여씨를 처단하는데 재앙이 될지 복이 될지 여전히 알 수 없었다. 그러므로 '불측不測'이라 한 것이다."

瓚曰大臣共誅諸呂 禍福尙未可知 故曰不測也

② 賁育之勇분육지용

집해 맹강이 말했다. "맹분이나 하육은 모두 옛날의 용자勇者이다."

孟康曰孟賁 夏育 皆古勇者也

색은 분賁은 맹분이다. 육育은 하육이다. 《시자》에서 말한다. "맹분은 물로 가더라도 교룡蛟龍을 피하지 않고 육지로 가더라도 들소나 호랑이를

피하지 않았다."《전국책》에서 말한다. "하육이 노기를 띠고 꾸짖어 삼군
三軍을 놀라게 했으나 자신은 보통의 지아비에게 죽임을 당했다." 고유가
말했다. "하육은 신수申繻에게 죽임을 당했다. 賁의 발음은 '분奔'이다."
賁 孟賁 育 夏育也 尸子云孟賁水行不避蛟龍 陸行不避兕虎 戰國策曰夏育叱
呼駭三軍 身死庸夫 高誘曰育爲申繻所殺 賁音奔也

이에 주상(효문제)의 마음이 풀려서 말했다.

"장차 어찌해야 하오?"

원앙이 말했다.

"회남왕은 세 아들을 두었으니 오직 폐하의 생각에 달려 있을 뿐
입니다."

이에 효문제는 회남왕의 세 아들을 세워서 모두 왕으로 삼았다.
원앙은 이 때문에 명성이 조정에서 중후하게 되었다.

그러자 원앙은 늘 대체적인 것을 끌어들여 비분강개했다. 효문제
의 환관인 조동趙同①은 술수로 총애를 받았는데, 항상 원앙을 해
치고자 해서 원앙은 마음속으로 걱정했다. 원앙 형의 아들 종種
은 효문제의 상시기常侍騎②가 되어 부절을 가지고 수레를 타고 다
녔다. 원종袁種이 원앙을 설득해③ 말했다.

"군君께서는 조동과 함께 다투게 되면 조정에서 모욕을 주십시
오. 그렇게 되면 그의 헐뜯는 것이 먹히지 않을 것입니다."

효문제가 외출하는데 조동이 참승參乘하자 원앙이 수레 앞으로
나아가 말했다.

"신은 들었습니다. 천자가 더불어 여섯 자의 수레에 함께하는 자는 모두 천하의 호걸이나 영웅이라 한다고 했습니다. 지금 한나라에는 비록 사람이 궁핍한 지경이긴 하나 폐하께서 유독 어찌 형벌을 받은 죄인④을 수레에 태우십니까?"

이에 효문제가 웃으면서 조동을 내리게 했다. 조동이 울면서 수레에서 내렸다.

於是上乃解 曰 將柰何 盎曰 淮南王有三子 唯在陛下耳 於是文帝立其三子皆爲王 盎由此名重朝廷 袁盎常引大體忼慨 宦者趙同①以數幸 常害袁盎 袁盎患之 盎兄子種爲常侍騎②持節夾乘 說③盎曰 君與鬪 廷辱之 使其毁不用 孝文帝出 趙同參乘 袁盎伏車前曰 臣聞天子所與共六尺輿者 皆天下豪英 今漢雖乏人 陛下獨柰何與刀鋸餘人④載 於是上笑下趙同 趙同泣下車

① 趙同조동

[집해] 서광이 말했다. "《한서》에는 동同이 '담談'으로 되어 있다."

徐廣曰漢書作談字

② 常侍騎상시기

[색은] 살펴보니 《한구의》에서 말한다. "부절을 가지고 (황제가) 수레를 타면 수레와 기마를 따르는 자를 상시기常侍騎라고 이른다."

案 漢舊儀云 持節夾乘輿車騎從者云常侍騎

③ 說설

서광이 말했다. "설說은 다른 판본에는 '모謀'로 되어 있다."

徐廣曰說 一作謀

④ 刀鋸餘人도거여인

궁형을 받은 사람이다. 궁형은 고대 중국에서 시행되던 다섯 가지 형벌 중 하나이며, 사형이 낫다고 여길 정도로 잔인하고 혹독한 형벌이다. 생식기를 썩혀 없애는 형벌이어서 부형腐刑이라고도 한다.

문제는 패릉 가로 나아가고자 서쪽으로 달려 가파른 고갯길을 내려가려 하고 있었다. 원앙이 말을 타고 황제의 수레와 나란히 해 수레의 말고삐를 당겼다. 문제가 말했다.

"장군은 겁이 나는 것인가?"

원앙이 말했다.

"신이 듣자니 1,000금을 가진 자의 아들은 앉더라도 당堂 가에 앉지 않고,[①] 100금을 가진 자의 아들은 수레 난간에 기대지[②] 않고, 성스러운 군주는 위태로움을 무릅쓰거나 요행을 바라지 않는다고 했습니다. 지금 폐하께서는 여섯 마리의[③] 말이 끄는 수레를 타고 험준한 산을 달려서 내려가고자 하시는데 만약 말이 놀라고 수레가 전복되는 일이 있게 된다면 폐하께서 자신을 가볍게 여기는 것은 그렇다 하더라도 고조와 태후께 무슨 면목으로 대하실 것입니까?"

이에 문제가 중지했다.

文帝從霸陵上 欲西馳下峻阪 袁盎騎 竝車攬轡 上曰 將軍怯邪 盎曰 臣
聞千金之子坐不垂堂^① 百金之子不騎衡^② 聖主不乘危而徼幸 今陛下
騁六騑^③ 馳下峻山 如有馬驚車敗 陛下縱自輕 奈高廟太后何 上乃止

① 坐不垂堂좌불수당

색은 살펴보니 장읍張揖이 말했다. "처마의 기와가 떨어져서 사람이 맞
는 것을 두려워하는 것이다." 어떤 사람이 말했다. "이는 당堂의 변수邊垂
에 이르러 떨어지는 것을 두려워하는 것이다."

案 張揖云 恐簷瓦墮中人 或云 臨堂邊垂 恐墮墜也

② 騎衡기형

집해 서광이 말했다. "다른 판본에는 '행行'으로 되어 있다." 살펴보니
복건이 말했다. "스스로 자신을 아껴서 수레의 가로지른 막대에 기대지
않는 것이다." 여순이 말했다. "기騎는 의倚(기대다)이다. 형衡은 누대, 전殿
가의 난간이다." 위소가 말했다. "형衡은 수레를 가로지른 나무이다."

徐廣曰 一作行 駰案 服虔曰自惜身 不騎衡 如淳曰騎 倚也 衡 樓殿邊欄楯也 韋
昭曰衡 車衡

색은 장안이 말했다. "형목衡木의 행마行馬이다." 여순이 말했다. "騎
의 발음은 '이[於岐反]'이고 형衡은 누대, 전殿 가의 난간이다." 위소가 말
했다. "형衡은 차형車衡이다. 騎의 발음은 '의倚'이고 걸터앉은 것을 이른
다." 살펴보니 여순의 설명이 최고가 된다. 살펴보니 《찬요》에서 말한다.
"궁전의 사방의 난간을 세로는 함檻이라고 이르고 가로는 순楯이라고 이
른다."

張晏云衡木行馬也 如淳云騎音於岐反 衡 樓殿邊欄楯也 韋昭云衡 車衡也 騎音倚 謂跨之 按 如淳之說爲長 案 纂要云宮殿四面欄 縱者云檻 橫者云楯也

③ 六騑육비

[집해] 여순이 말했다. "여섯 마리 말의 빠르기가 나는 것과 같은 것이다." 如淳曰六馬之疾若飛

> 문제가 상림上林으로 행차하는데 황후와 신부인慎夫人이 따랐다. 그들은 궁 안에서는 항상 좌석을 동일하게 했다. 상림上林에서도 앉는 좌석을 배치하는데 낭서장郎署長①이 좌석을 동일하게 배치하자 원앙이 신부인의 좌석을 뒷줄로 끌어내렸다.② 신부인이 노여워하고 기꺼이 앉으려고 하지 않았다. 문제도 노여워하고 일어나 궁중으로 들어가 버렸다. 이에 원앙이 앞으로 나아가서 설득했다.
>
> "신은 들었습니다. 높고 낮은 것이 차례가 있게 되면 위와 아래는 화목해진다고 했습니다. 지금 폐하께서 이미 후后를 세우셨으니 신부인은 첩입니다. 첩과 주인이 어찌 함께 앉을 수 있겠습니까? 끝내는 높고 낮은 것을 잃게 될 것입니다. 폐하께서 총애하시면 예물을 두터이 하면 되는 것입니다. 폐하께서는 신부인을 위한다고 하시지만 결국은 재앙이 될 것입니다. 폐하께서는 홀로 인체人彘③를 보지 못하셨습니까?"

上幸上林 皇后愼夫人從 其在禁中 常同席坐 及坐 郞署^①長布席 袁盎
引卻愼夫人坐^② 愼夫人怒 不肯坐 上亦怒 起 入禁中 盎因前說曰 臣聞
尊卑有序則上下和 今陛下旣已立后 愼夫人乃妾 妾主豈可與同坐哉
適所以失尊卑矣 且陛下幸之 卽厚賜之 陛下所以爲愼夫人 適所以禍
之 陛下獨不見人彘^③乎

① 郞署낭서

정의 소림이 말했다. "낭서는 상림원 안 호위대의 관서官署이다."

蘇林云郞署 上林中直衞之署

② 袁盎引卻愼夫人坐원앙인각신부인좌

집해 여순이 말했다. "원앙은 당시에 중랑장이 되어 천자가 관서로 행
차하는데, 미리 휘장을 치고 기다렸다. 그러므로 신부인의 자리를 뒤로
물릴 수 있었다."

如淳曰盎時爲中郞將 天子幸署 豫設供帳待之 故得卻愼夫人坐

③ 人彘인체

집해 장안이 말했다. "척부인이다."

張晏曰戚夫人

신주 척부인은 한나라 고조 유방의 총애를 받은 후비이다. 고조는 태
자 유영劉盈을 폐하고 척부인의 아들 조왕趙王 유여의劉如意를 태자로 세
우고자 하였으나 장량의 계책으로 태자를 바꾸지 못하였다. 여후는 고조
사후 권력을 잡은 후 유여의를 불러들여 독살하고, 척부인의 팔다리를

자르고 눈을 뽑고 벙어리와 귀머거리를 만들어 측간에 가두어놓고 '사람 돼지[인체人彘]'라고 부르게 했다.

이에 문제가 기뻐하고 신부인을 불러서 말했다. 신부인이 원앙에게 황금 50근을 하사했다. 그러나 원앙은 또한 여러 차례의 직간 때문에 오래도록 궁 인에서 거처할 수 없어 농서도위隴西都尉에 선임되었다.[①] 그곳에서 사졸들을 자애慈愛하자 사졸들이 모두 원앙을 위해 다투어 죽기를 각오했다. 옮겨서 제나라 재상이 되었고 오나라 재상으로 옮겨가게 되어 하직하고 가려고 하는데, 원종袁種이 원앙에게 일러 말했다.

"오왕吳王은 교만함에 빠진 지 오래되었고, 나라에는 간사한 자가 많을 것입니다. 지금 구차하게 탄핵해서 다스리고자 한다면 저들은 폐하에게 글을 올려서 군君을 고발하지 않는다면 곧 예리한 칼로 군君을 찌를 것입니다. 남쪽은 땅이 낮고 습한 곳이니 군君께서 날마다 술이나 마시면서 어찌하지 말아 주십시오. 그리고 때마다 왕에게 '반역하지 마십시오.'라고 설득만 하십시오. 이처럼 하면 다행히 (위기에서) 벗어날 수 있을 것입니다."

於是上乃說 召語愼夫人 愼夫人賜盎金五十斤 然袁盎亦以數直諫 不得久居中 調[①]爲隴西都尉 仁愛士卒 士卒皆爭爲死 遷爲齊相 徙 爲吳相 辭行 種謂盎曰 吳王驕日久 國多姦 今苟欲劾治 彼不上書告 君 卽利劍刺君矣 南方卑濕 君能日飮 毋何 時說王曰毋反而已 如此 幸得脫

① 調조

여순이 말했다. "조調는 선選(뽑다)이다."

如淳曰 調 選

원앙이 원종의 계책을 채용하자 오왕은 후하게 원앙을 대우했다. 원앙이 휴가를 얻어 돌아오다가 길에서 승상 신도가申屠嘉①를 만났다. 원앙은 수레에서 내려 배알했으나 승상은 수레 위에서 원앙에게 답례만 할 뿐이었다.

원앙이 집으로 돌아왔는데 그의 관리들에게 부끄러워서 이에 승상의 관사로 찾아가 승상을 만나보기를 청했다. 승상이 한참 있다가 만나 주었다. 원앙이 이로 인해 무릎을 꿇고 말했다.

"원하건대 주위를 물려 한가하기를 청합니다."

승상이 말했다.

"군君이 말하는 것이 공사公事라면 승상의 관청으로 가서 장사연長史掾②과 상의하게 되면 그들이 나에게 아뢸 것입니다. 또 사사로운 것이라면 나는 사사로운 이야기를 받아들이지 않을 것입니다."

원앙이 곧 무릎을 꿇고 설명했다.

"군君께서 승상으로, 스스로 헤아린다면 진평이나 강후와 비교해서 누가 낫다고 생각하십니까?"

승상이 말했다.

"나는 그들만 같지 못하오."

盎用種之計 吳王厚遇盎 盎告歸 道逢丞相申屠嘉[1] 下車拜謁 丞相從車
上謝袁盎 袁盎還 愧其吏 乃之丞相舍上謁 求見丞相 丞相良久而見之
盎因跪曰 願請閑 丞相曰 使君所言公事 之曹與長史掾[2]議 吾且奏之
卽私邪 吾不受私語 袁盎卽跪說曰 君爲丞相 自度孰與陳平絳侯 丞相
曰 吾不如

① 申屠嘉신도가

신주 양梁나라 사람이다. 말을 타고 활을 쏘며 쇠뇌를 발사하는 무사
로 고제高帝를 따라 항우를 공격하여 대솔隊率이 되었으며, 경포가 반
란을 일으킬 때 종군從軍하여 도위가 되었다. 그 공로로 효문제 때 식읍
500호를 받았으며 어사대부를 거쳐 승상에 올랐다. 이와 관련한 이야기
는 〈장승상열전〉에 나온다.

② 長史掾장사연

신주 군승郡丞의 보좌관이다. '연掾'은 통상 서기직書記職에 해당하는
하급 관리를 가리킨다.

원앙이 말했다.

"좋습니다. 군께서는 곧 스스로 같지 못하다고 하셨습니다. 대
저 진평이나 강후는 고조를 보좌해 천하를 안정시켜 장군과 재상
이 되고 여러 여씨를 처단해서 유씨를 보존하게 했습니다. 그런데

군君은 재관궐장材官蹶張①이 되었고 옮겨서 대솔隊率이 되었으며 공적을 쌓아 회양태수에 이르렀으나 기묘한 계책이나 성을 공략한 야전의 공로가 없습니다. 또 폐하께서 대代에서 오실 때 매양 조회마다 낭관郎官이 상소를 올리면 일찍이 천자께서는 연輦을 멈추게 하고 그의 말을 받지 않았던 적이 없었습니다.

말의 내용이 쓸만하지 않으면 방치하고 말이 쓸 만한 것이면 채택하여 일찍이 좋다고 칭찬하지 않았던 적이 없었습니다. 무엇 때문이겠습니까? 곧 천하에서 어진 선비와 대부들을 이르게 하고자 했기 때문입니다. 주상께서는 날마다 듣지 못했던 바를 들으시고 알지 못했던 바를 밝히셔서 날마다 성스러운 지혜를 더했습니다. 군君께서는 지금 스스로 천하 사람들의 입을 닫게 재갈을 물리니② 날마다 더욱 우매해지고 있습니다. 대저 성스러운 군주께서 어리석은 재상을 책하신다면 군께서 재앙을 받을 날이 오래지 않을 것입니다."

袁盎曰 善 君卽自謂不如 夫陳平絳侯輔翼高帝 定天下 爲將相 而誅諸呂 存劉氏 君乃爲材官蹶張① 遷爲隊率 積功至淮陽守 非有奇計攻城野戰之功 且陛下從代來 每朝 郎官上書疏 未嘗不止輦受其言 言不可用置之 言可受探之 未嘗不稱善 何也 則欲以致天下賢士大夫 上日聞所不聞 明所不知 日益聖智 君今自閉鉗②天下之口而日益愚 夫以聖主責愚相 君受禍不久矣

① 材官蹶張재관궐장

신주 재관材官은 용감하고 강한 부대의 중급지휘관에 해당하며, 궐장蹶張은 발로 밟아 쇠뇌에 화살을 재는 일이다. 즉 용감하고 힘이 센 부대의 궁노수弓弩手들을 일컫는다.

② 閉鉗폐겸

신주 막아 입 다물게 한다는 뜻이다. 오늘날 흔히 강압적이거나 상대의 약점을 잡아 사실을 말하지 못하게 함을 비유할 때 '재갈을 물린다.'라고 표현하는데, 이와 뜻이 같다.

승상이 이에 재배를 올리고 말했다.

"저는 시골 사람으로 아는 것이 없으니 장군께서 가르쳐주신다면 다행이겠습니다."

신도가가 원앙을 이끌고 들어가 함께 앉아서 상객으로 삼았다.

원앙은 평소 조조를 좋아하지 않았다. 조조가 앉아 있으면 원앙은 떠났고 원앙이 앉아 있으면 조조도 또한 떠났다. 두 사람은 일찍이 한 방 안에서 말을 하지 않았다.

효문제가 붕어함에 이르러 효경제가 즉위하자 조조는 어사대부가 되어 관리에게 원앙이 오왕의 뇌물 받은 것을 조사하게 해 처벌하려 하였는데, 효경제가 조서를 내려 사면하여 서인이 되었다. 오吳와 초楚가 반역했다고 조정에 알려지자 조조는 승丞과 사史[1]에게 일러 말했다.

"대저 원앙이 오왕의 금전을 많이 받았는데 오로지 은폐만 하고 반역을 말하지 않았소. 지금 과연 반역했으니 황제에게 청해 원앙을 다스리게 된다면 마땅히 계획을 알 수 있을 것이오."

丞相乃再拜曰 嘉鄙野人 乃不知 將軍幸教 引入與坐 爲上客 盎素不好
鼂錯 鼂錯所居坐 盎去 盎坐 錯亦去 兩人未嘗同堂語 及孝文帝崩 孝景
帝卽位 鼂錯爲御史大夫 使吏案袁盎受吳王財物 抵罪 詔赦以爲庶人
吳楚反 聞 鼂錯謂丞史^①曰 夫袁盎多受吳王金錢 專爲蔽匿 言不反 今
果反 欲請治盎宜知計謀

① 丞史승사

集解 여순이 말했다. "〈백관표〉에 의하면, 어사대부에는 2명의 승丞이
있다. 승사丞史는 승丞과 사史이다."

如淳曰百官表御史大夫有兩丞 丞史 丞及史也

승丞과 사史가 말했다.

"사건이 일어나기 전에 치죄했다면 단절시킬 수 있었을 것입니다.^①
지금은 군사들이 서쪽으로 향했는데 다스려서 무슨 보탬이 되겠습
니까? 또 원앙은 마땅히 모반^②까지는 하지 않았을 것입니다."
조조가 망설이고 판단하지를 못했다. 어떤 사람이 이러한 사실을
원앙에게 고하는 자가 있었다. 원앙이 두려워서 밤에 두영竇嬰을
만나 오나라가 반역한 까닭을 말하고 효경제 앞에 이르러 입으로
실상을 말하기를 원했다. 두영이 들어가 효경제에게 말하자 효경
제가 원앙을 불러서 만나보았다. 조조가 앞에 있었는데 원앙이
사람을 물리치고 한가한 틈을 내줄 것을 청하자 조조가 떠나면서

몹시 분통해 했다.

원앙이 구체적으로 오나라가 반역한 실상들을 말하고 조조 때문이라고 했으며, 유독 급하게 조조를 참수해 오나라에 사과하면 오나라 군사들은 중지할 것이라고 했다. 그가 말한 내용이 구체적으로 오나라 일에 기록되어 있다.

원앙은 태상이 되었고 두영은 대장군이 되었는데 두 사람은 평소 서로 좋은 관계였다. 오나라가 반역함에 이르자 여러 능陵에 사는 장자長者들이나 장안長安 안의 어진 대부들이 다투어 두 사람에게 붙어 수레에 따르는 자가 하루에 수백 대에 이르렀다.

丞史曰 事未發 治之有絕^① 今兵西鄉 治之何益 且袁盎不宜有謀^② 鼂錯猶與未決 人有告袁盎者 袁盎恐 夜見竇嬰 爲言吳所以反者 願至上前 口對狀 竇嬰入言上 上乃召袁盎入見 鼂錯在前 及盎請辟人賜閒 錯去 固恨甚 袁盎具言吳所以反狀 以錯故 獨急斬錯以謝吳 吳兵乃可罷 其語具在吳事中 使袁盎爲太常 竇嬰爲大將軍 兩人素相與善 逮吳反 諸陵長者長安中賢大夫爭附兩人 車隨者日數百乘

① 治之有絕치지유절

[집해] 여순이 말했다. "일이 일어나기 전에 치죄했다면 도리어 근절되는 바가 있었다는 것이다."

如淳曰事未發之時治之 乃有所絕

[색은] 살펴보니 오나라 배반하려는 마음을 근절할 수 있었다는 말이다.

案 謂有絕吳反心也

② 謀모

집해 여순이 말했다. "원앙은 대신으로 마땅히 간사한 계략을 가지고 있지 않았다."

如淳曰盎大臣 不宜有姦謀

조조가 이미 처단됨에 이르러 원앙은 태상으로서 오나라에 사신으로 갔다. 오왕은 원앙을 장군으로 삼으려고 했지만, 원앙은 기꺼워하지 않았다. 이에 그를 살해하고자, 1명의 도위都尉에게 500여 명의 군사를 주어 원앙을 부대 안에서 포위하고 감시하게 했다. 원앙이 스스로 오왕의 재상으로 있었을 때 종사從史가 일찍이 원앙의 시녀①와 몰래 간통한 일이 있었는데, 원앙은 그 사실을 알고도 누설하지 않고 옛날과 같이 대우했다. 어떤 사람이 그 종사에게 고해서 말하기를 "군君께서는 그대가 시녀와 정을 통하는 사실을 알고 있다네."라고 하자, 그는 이에 도망쳐서 고향으로 돌아갔다. 원앙은 그가 도망쳤다는 소문을 듣고 추격해 쫓아가서 데리고 와 마침내 시녀를 그에게 주었고 다시 종사로 삼아 일하게 했었다. 그런데 원앙이 오나라에 사신으로 와서 포위되어 감시를 당하는데 옛날의 종사가 때마침 원앙을 감시하는 교위사마校尉司馬②가 되어 있었다. 그는 평소 쌓아둔 여러 가지의 물건들을 팔아서 맛 좋은 독한 술 두 섬을 샀다. 때마침 날씨는 추웠고 사졸들은 배고프고 목이 마른 상태에서 술을 마시게 하니 (모두) 취해 버렸다. 이들이 서남쪽 모퉁이에서 모두 취해 잠이 들자, 교위사마가 밤에 원앙을 끌어당겨 일으켜 세우고 말했다.

"군君께서는 떠나십시오. 오왕이 내일 아침이면 군君을 참수한다고 했습니다."

及鼂錯已誅 袁盎以太常使吳 吳王欲使將 不肯 欲殺之 使一都尉以五百人圍守盎軍中 袁盎自其爲吳相時 (嘗)有從史嘗盜愛盎侍兒^① 盎知之 弗泄 遇之如故 人有告從史 言 君知爾與侍者通 乃亡歸 袁盎驅自追之 遂以侍者賜之 復爲從史 及袁盎使吳見守 從史適爲守盎校尉司馬^② 乃悉以其裝齎置二石醇醪 會天寒 士卒飢渴 飲酒醉 西南陬卒皆臥 司馬夜引袁盎起 曰 君可以去矣 吳王期旦日斬君

① 侍兒시아

[집해] 문영이 말했다. "비婢이다."

文穎曰婢也

② 校尉司馬교위사마

[신주] 교위는 진나라 때 처음 설치했는데 중급 군관에 해당한다. 전한 무제 때는 장안성의 방어를 강화하기 위해 중루中壘, 둔기屯騎, 보병步兵, 월기越騎, 장수長水, 호기胡騎, 사성射聲, 호분虎賁을 두었다. 8교위의 녹봉은 모두 비2,000석이고, 속관에 승丞과 사마司馬가 있었다. 오나라 등 큰 제후국들은 행정 체제를 천자국과 비슷하게 운용했다.

원앙이 믿지 않고 말했다.

"공公은 무슨 말을 하는 것이오?"

사마가 말했다.

"신臣은 옛날에 종사가 되어 군의 시녀를 도둑질했던 사람입니다."

원앙이 이에 깜짝 놀라고 사죄해서 말했다.

"그대에게는 다행히도 어버이가 계시니[1] 나는 공에게 누를 끼치고 싶지 않소."

사마가 말했다.

"군君께서 떠나면 신도 또한 도망쳐 나의 어버이와 함께 피할 것인데[2] 군께서는 무엇을 걱정하십니까?"

盎弗信曰 公何爲者 司馬曰 臣故爲從史盜君侍兒者 盎乃驚謝曰 公幸有親[1] 吾不足以累公 司馬曰 君弟去 臣亦且亡 辟吾親[2] 君何患

① 有親유친

집해 문영이 말했다. "너에게 연로한 어버이가 있다고 말한 것이다."

文穎曰言汝有親老

② 辟吾親피오친

집해 여순이 말했다. "나의 어버이를 숨게 해서 해를 당하게 하지 않은 것이다."

如淳曰藏匿吾親 不使遇害也

색은 살펴보니 장안이 말했다. "피辟는 은隱(숨다)이다. 스스로 어버이를 숨겨서 재앙을 당하게 하지 않는 것을 말한다."

案 張晏云 辟 隱也 言自隱辟親 不使遇禍也

이에 칼로 군막을 찢어버리고① 원앙을 인도해서② 술에 취해 쓰러져 있는 병졸들 사이를 거쳐서 곧 탈출했다. 교위사마와 서로 반대로 갈려 흩어져 원앙은 사신의 절모節毛③를 풀어서 품속에 간직하고 지팡이를 짚고 걸어서 7, 8여 리를 가자 날이 밝았다. 또 그곳에서 양나라 기병을④ 만나 말을 타고 달려서 마침내 귀국하고 (주상에게) 보고했다.

오吳와 초楚가 이미 무너지자 주상은 다시 원왕元王의 아들 평륙후平陸侯 유예劉禮를 초왕楚王으로 삼고 원앙을 초나라 재상으로 삼았다. 일찍이 글을 올려 말한 바가 있었는데 효경제가 채용하지 않았다. 원앙은 질병으로 재상에서 면직되어 집에 있게 되었다. 마을 사람들과 흐르는 물을 쫓듯이⑤ 서로 따라다니며 닭싸움과 개 경주를 즐겼다.

乃以刀決張①道②從醉卒(直)隧〔直〕出 司馬與分背 袁盎解節毛③懷之杖 步行七八里 明見梁騎④騎馳去 遂歸報 吳楚已破 上更以元王子平陸侯禮爲楚王 袁盎爲楚相 嘗上書有所言 不用 袁盎病免居家 與閭里浮沈⑤相隨行 鬪雞走狗

① 決帳결장

집해 帳의 발음은 '장帳'이다.

音帳

[색은] 살펴보니 장帳은 군막이다. 자르고 나간 것이다.

案 帳 軍幕也 決之以出也

② 道도

[집해] 여순이 말했다. "장막을 잘라 열고 도망자가 나아갈 길을 마땅하게 한 것이다."

如淳曰決開當所從亡者之道

③ 節毛절모

[집해] 여순이 말했다. "남에게 보이고자 하지 않은 것이다."

如淳曰不欲令人見也

④ 梁騎양기

[집해] 문영이 말했다. "양나라 기병은 오吳와 초楚를 공격한 사람이다." 어떤 이는 말했다. "양나라 말을 얻어서 달려간 것이다."

文穎曰 梁騎擊吳楚者也 或曰得梁馬馳去也

⑤ 浮沈부침

[신주] 물결을 따르듯 물흐름을 쫓듯, 세속을 그대로 따르며 사는 삶을 가리킨다.

낙양의 극맹劇孟이 일찍이 원앙의 집을 지나가다 들렀는데 원앙은 잘 대우했다. 안릉安陵 부자가 원앙에게 말했다.

"내가 듣자니 극맹은 노름꾼①이라고 하던데 장군께서 어찌해서 그런 자와 교제하십니까?"

원앙이 말했다.

"극맹이 비록 노름꾼이라지만 그의 어머니가 돌아가셨을 때 손님들이 1,000대의 수레를 보내 장례를 치렀으니 이것은 또한 남보다 뛰어난 것이 있는 자입니다. 또 사람에게는 급한 일과 급하지 않은 일이 있는 것입니다. 대저 하루아침에 급한 일이 있어서 문을 두드리게 되면, 어버이 때문이라고 해명하지 않고② (집안에) 있으면서도 없다고 핑계 대지 않으니, 천하의 사람들이 소망하는 자는 오로지 계심季心과 극맹劇孟뿐입니다. 지금 공께서 항상③ 여러 말 탄 기병들을 거느리고 있지만, 하루아침에 급하지 않다가 급한 일이 생긴다면 (그들을) 어찌 족히 믿을 수 있겠습니까?"

雒陽劇孟嘗過袁盎 盎善待之 安陵富人有謂盎曰 吾聞劇孟博徒① 將軍何自通之 盎曰 劇孟雖博徒 然母死 客送葬車千餘乘 此亦有過人者 且緩急人所有 夫一旦有急叩門 不以親爲解② 不以存亡爲辭 天下所望者獨季心劇孟耳 今公常③從數騎 一旦有緩急 寧足恃乎

① 博徒박도

[집해] 여순이 말했다. "노름으로 움직이는 무리이다." 어떤 이가 말했다. "도박하는 무리이다."

如淳曰 博盪之徒 或曰博戲之徒

② 不以親爲解불이친위해

집해 장안이 말했다. "어버이를 핑계대며 들어주지 않는다고 말하지 않는 것이다." 신찬이 말했다. "보통 사람은 어려울 때 나아가 위급함을 구제해 달라고 하면, 대다수가 부모가 있기 때문에 (안된다고) 해명을 하는데, 극맹은 그와 함께 행동을 하는 것이다."

張晏曰 不語云親不聽也 瓚曰凡人之於赴難濟危 多以有父母爲解 而孟兼行之

색은 살펴보니 어버이 때문에 사양하지 않는다는 말이다. 지금 이곳에서 '해解'라고 이른 것은 또한 어버이가 계시기 때문이라고 스스로 해명하지 않는 것을 이른다.

案 謂不以親爲辭也 今此云解者 亦謂不以親在而自解

신주 어버이 때문에 안 된다고 핑계 대지 않고 위급한 자와 함께함을 이른다.

③ 常상

집해 서광이 말했다. "상常은 다른 판본에는 '상詳'으로 되어 있다."

徐廣曰 常 一作詳

이에 부자인 그를 꾸짖고 서로 왕래하지 않았다. 여러 공公이 듣고 모두 원앙을 칭찬했다. 원앙이 비록 집에 거처했지만 효경제는 때때로 사람을 시켜 정책에 대한 것을 질문했다.

양왕梁王은 그 당시 효경제 뒤를 이어 황제 자리를 계승하려고 했는데 원앙이 나아가 설득해서 그 후계자에 관한 의논이 중지되었다.①

양왕은 이 때문에 원앙을 원망하고 일찍이 사람을 시켜 원앙을 찔러 죽이라고 했다. 자객이 관중에 이르러 원앙에 관하여 물어보니 모든 이들이 원앙을 칭찬하는 것이 입으로 담지 못할 정도였다. 이에 원앙을 만나보고 말했다.

"신이 양왕의 돈을 받고 군君을 찔러 죽이러 왔는데 군君은 장자長者입니다. 차마 군을 살해하지 못하겠습니다. 연후에도 군을 해치려는 사객들이 10여 명의 무리②나 되니 대비하십시오."

원앙의 마음이 즐겁지 않았고 집안에 괴이한 일이 많아 이에 점치는 배생棓生③에게 가서 점을 치고 물었다. 돌아오는데 양나라 자객의 뒷배들이 과연 안릉安陵의 성문 밖에서 원앙을 막고 살해했다.

罵富人 弗與通 諸公聞之 皆多袁盎 袁盎雖家居 景帝時時使人問籌策 梁王欲求爲嗣 袁盎進說 其後語塞① 梁王以此怨盎 曾使人刺盎 刺者至關中 問袁盎 諸君譽之皆不容口 乃見袁盎曰 臣受梁王金來刺君 君長者 不忍刺君 然後刺君者十餘曹② 備之 袁盎心不樂 家又多怪 乃之棓生③所問占 還 梁刺客後曹輩果遮刺殺盎安陵郭門外

① 塞색

색은 살펴보니 추씨가 말했다. "색塞은 마땅히 '로露' 자가 되어야 한다고 했는데 잘못이다. 살펴보니 원앙이 아우를 세우는 뜻이 마땅하지 않다고 말하자 그 뒤에 양왕을 세워야 한다는 말이 막혀 단절된 것이다."

按 鄒氏云塞當作露 非也 案 以盎言不宜立弟之義 其後立梁王之語塞絕也

② 曹조

집해 여순이 말했다. "조曹는 무리이다."

如淳曰曹 輩也

③ 棓生배생

집해 서광이 말했다. "배棓는 다른 판본에는 '복服'으로 되어 있다." 살펴
보니 문영이 말했다. "棓의 발음은 '배陪'이다. 진秦나라 때 어진 선비로
점술占術을 잘하는 자이다."

徐廣曰棓 一作服 駰案 文穎曰棓音陪 秦時賢士 善術者

색은 문영이 말했다. "棓의 발음은 '배陪'이다." 위소가 말했다. "배棓는
성이다."

文穎云棓音陪 韋昭云棓 姓也

급진 개혁으로 죽은 조조

조조鼂錯[1]는 영천潁川 사람이다. 신불해申不害와 상앙商鞅의 형명학形名學[2]을 지軹 땅에 사는 장회張恢 선생에게 배웠으며,[3] 낙양의 송맹宋孟과 유례劉禮와는 동문수학했다. 문학으로서 태상太常의 장고掌故[4]가 되었다. 조조의 사람됨은 준엄하고 각박했다.[5] 효문제 때 천하에 《상서》를 익힌 자가 없었다. 오직 제남濟南 땅의 복생伏生이 옛 진秦나라 박사였는데 《상서》를 익혔다고 알려졌으나 그는 나이가 90여 세여서 너무 노인이라 부를 수가 없었다. 이에 태상太常에 조서를 내리고 사람을 보내 가서 전수받게 했다.

鼂錯[1]者 潁川人也 學申商刑名[2]於軹張恢先所[3] 與雒陽宋孟及劉禮同師 以文學爲太常掌故[4] 錯爲人峭直刻深[5] 孝文帝時 天下無治尙書者 獨聞濟南伏生故秦博士 治尙書 年九十餘 老不可徵 乃詔太常使人往受之

① 鼂錯조조

색은 앞 글자 鼂의 발음은 '조朝'이고, 뒷 글자 錯의 발음은 조厝'이다. 글자의 발음이 같다. 살펴보니 조씨朝氏는 남양에서 나왔으며, 지금의 서악 조씨晁氏는 자조子朝의 후예를 이른다.

上音朝 下音厝 一如字讀 案 朝氏出南陽 今西鄂晁氏 謂子朝之後也

② 刑名형명

신주 형명학形名學이다. 엄격한 형법으로 백성을 다스려야 한다는 학설이다.

③ 軹張恢先所지장회선소

집해 서광이 말했다. "선先은 곧 선생이다."

徐廣曰 先卽先生

색은 지장회생소軹張恢生所이다. 지현 사람 장회張恢 선생에게 신불해와 상앙의 법을 배운 것이다.

軹張恢生所 軹縣人張恢先生所學申商之法

④ 太常掌故태상장고

집해 응소가 말했다. "장고掌故는 녹봉 100석 관리이고 고사故事를 주관한다."

應劭曰掌故 百石吏 主故事

색은 복건이 말했다. "100석 졸리卒吏이다."《한구의》에서 말한다. "태상太常 박사의 제자는 사책射策을 시험해 갑과甲科에 합격하면 낭郞에 보임하고 을과乙科에 합격하면 장고에 보임한다."

服虔云百石卒吏 漢舊儀云太常博士弟子試射策 中甲科補郎 中乙科補掌故也

⑤ 峭直刻深초직각심

집해 위소가 말했다. "술안고術岸高를 초峭라 한다." 신찬이 말했다. "초陗는 준준(준엄하다)이다."

韋昭曰術岸高曰峭 瓚曰陗峻

살펴보니 위소의 주석에는 본래 '術術' 자가 없다. 어떤 이는 술術

은 도로라고 했다. 岹의 발음은 '초[七笑反]'이고 준峻이다.

案 韋昭注本無術字 或云術 道路也 岹 七笑反 峭 峻也

태상에서는 조조를 보내 복생의 처소에 가서 《상서》를[1] 전수받

게 했다. 돌아와 주상을 따라 편리한 정책들을 올리고 《상서》에

서 인용해 설명했다. 조서를 내려서 태자사인太子舍人과 문대부門

大夫, 가령家令[2]으로 삼게 했다. 그는 말을 잘해서 태자의 총애를

받아 태자의 궁 안에서는 '꾀주머니'라고 불렀다.

수차 효문제 때 글을 올려서 제후의 봉지 삭감이나 법령을 고쳐

서 안정되게 할 것들을 말했다. 올린 상소문이 수십여 건이었지만

효문제는 경청하지 않았다. 그러나 그의 재주를 기이하게 여겨 옮

겨서 중대부中大夫로 삼았다.

이때를 당해 태자는 조조의 계책을 좋게 여겼지만 원앙이나 여러

대신 중에 대다수는 조조를 좋아하지 않았다.

太常遣錯受尙書伏生[1]所 還 因上便宜事 以書稱說 詔以爲太子舍人門

大夫家令[2] 以其辯得幸太子 太子家號曰 智囊 數上書孝文時 言削諸侯

事 及法令可更定者 書數十上 孝文不聽 然奇其材 遷爲中大夫 當是時

太子善錯計策 袁盎諸大功臣多不好錯

[1] 尙書伏生상서복생

위굉의 《조정고문상서서》에서 말한다. "불렀는데 늙어서 능히

행하지 못하자 태상장고太常掌故인 조조를 보내서 가서 숙독熟讀하게 했다. 나이는 90여 세여서 바르게 말하는 것이 능하지 못해서 말을 이해할 수 없었다. 그래서 그의 딸을 시켜 말을 전해서 조조를 가르치도록 했다. 제나라 사람의 말은 영천潁川 말과 다른 것이 많아서 조조가 알지 못하는 곳이 총 열 곳 가운데 두세 곳이나 되었으며 대략 그 뜻을 이어서 읽었을 뿐이다."

衞宏詔定古文尙書序云 徵之 老不能行 遣太常掌故鼂錯往讀之 年九十餘 不能正言 言不可曉 使其女傳言敎錯 齊人語多與潁川異 錯所不知者凡十二三 略以其意屬讀而已也

② 家令가령

집해 복건이 말했다. "태자를 가家라고 칭한다." 신찬이 말했다. "《무릉서》에 태자가령은 녹봉이 800석이다."

服虔曰太子稱家 瓚曰茂陵書太子家令秩八百石

경제가 즉위하자 조조를 내사內史로 삼았다. 조조는 항상 자주 한가한 시간을 청해서 경제에게 정사를 말했는데, 그때마다 경청해주어 총애가 구경九卿[①]보다 (조조에게) 기울어져 법령들이 많이 개정되었다. 승상 신도가가 마음속으로 불편하게 여기고 있었으나 세력으로는 조조를 해칠 수가 없었다.

내사부內史府는 태상왕묘太上王廟의 빈터에 있고 문은 동쪽으로 나가게 되어 있어서 출입이 불편했다. 조조가 이에 두 개의 문을 뚫고서 남쪽으로 출입하려고 사당 바깥담②을 뚫게 했다. 승상 신도가는 듣고 크게 노여워하며 이 과오過誤를 계기로 주상에게 주청하고 조조를 처단하고 싶어 했다. 조조는 이 소식을 듣고 곧 바로 밤에 한가한 틈에 주청해서 구체적으로 주상에게 그 경위를 말했다.

景帝卽位 以錯爲內史 錯常數請閑言事 輒聽 寵幸傾九卿①法令多所更定 丞相申屠嘉心弗便 力未有以傷 內史府居太上廟壖中 門東出 不便 錯乃穿兩門南出 鑿廟壖垣②丞相嘉聞 大怒 欲因此過爲奏請誅錯 錯聞之 卽夜請閑 具爲上言之

① 九卿구경

[집해] 서광이 말했다. "구九는 다른 판본에는 '공公'으로 되어 있다."

徐廣曰 九 一作公

② 壖垣연원

[색은] 앞 글자 壖의 발음은 '년[乃戀反]'이다. 담 밖의 짧은 담을 이른다. 또 垣의 발음은 '연[而緣反]'이다.

上音乃戀反 謂牆外之短垣也 又音而緣反

[정의] 앞 글자 壖의 발음은 '연[人緣反]'이다. 연壖은 묘내廟內의 담 밖의 비어 있는 땅이다.

上人緣反 壖者 廟內垣外游地也

승상이 업무를 보고하고 난 다음 기회를 틈타 조조가 멋대로 사당의 담을 뚫고 문을 만들었으니 청컨대 정위에 내려 처벌해야 한다고 했다. 경제가 말했다.

"이것은 사당의 담이 아니고 빈터에 있는 담이니 법을 적용하지 않아도 되오."

승상이 사죄했다. 조회가 파하자 물러나 노여워하며 장사長史에게 일러 말했다.

"나는 마땅히 먼저 참수하고 알렸어야 했는데 이에 먼저 주청했다가 어린놈의 속임수에 당했다. 진실로 잘못한 것이다."

승상이 드디어 병이 나서 죽었다. 조조는 이 때문에 더욱 귀해졌다. 조조는 옮겨서 어사대부가 되고 제후들의 죄과를 주청해서 그의 봉지封地를 삭감하고① 그들의 봉지 주변에 있는 군郡을 거두어들여야 한다고 했다. 상주문이 올라가자 주상이 공경과 열후와 종실들을 집합시켜 의논하게 했는데 감히 난처하게 여기는 이가 없었고 유독 두영만 간쟁을 했는데 이로 말미암아 조조와 틈이 있게 되었다.

조조가 개정한 법령은 30장章이었는데 제후들이 모두 수군거리고 조조를 미워했다. 조조의 아버지가 듣고 영천에서 와 조조에게 일러 말했다.

"주상이 막 즉위하자마자 공公이 정권을 잡아서 제후의 영지를 삭탈하게 하고, 남의 골육 사이를 소원하게 해서 남의 입에 수군거리는 일②을 당하고, 공公을 원망하는 자가 많은데 무엇 때문인가?"

조조가 대답했다.

"진실일 것입니다. 이처럼 하지 않는다면 천자께서는 존경받지 못하고 종묘는 편안하지 못할 것입니다."

조조의 아버지가 말했다.

"유씨劉氏는 편안해져도 조씨鼂氏는 위태할 것이다. 나는 공公을 떠나 돌아가겠다."

마침내 약을 마시고 죽으면서 말했다.

"나는 차마 재앙이 나의 몸에 이르는 것을 보지 못하겠구나."

죽은 지 10여 일 만에 오吳와 초楚 등 7개국이 과연 반역을 일으켜 조조를 처벌하는 것을 명분으로 삼았다. 두영과 원앙이 나아가 설득함에 이르자 주상은 조조에게 조복朝服을 입게 하고 동쪽의 저자에서 참수했다.

丞相奏事 因言錯擅鑿廟垣爲門 請下廷尉誅 上曰 此非廟垣 乃壖中垣 不致於法 丞相謝 罷朝 怒謂長史曰 吾當先斬以聞 乃先請 爲兒所賣 固誤 丞相遂發病死 錯以此愈貴 遷爲御史大夫 請諸侯之罪過 削其地① 收其枝郡 奏上 上令公卿列侯宗室集議 莫敢難 獨竇嬰爭之 由此與錯有卻 錯所更令三十章 諸侯皆諠譁疾鼂錯 錯父聞之 從潁川來 謂錯曰 上初卽位 公爲政用事 侵削諸侯 別疏人骨肉 人口議②多怨公者 何也 鼂錯曰 固也 不如此 天子不尊 宗廟不安 錯父曰 劉氏安矣 而鼂氏危矣 吾去公歸矣 遂飮藥死 曰 吾不忍見禍及吾身 死十餘日 吳楚七國果反 以誅錯爲名 及竇嬰袁盎進說 上令鼂錯衣朝衣斬東市

① 削其地삭기지

집해 서광이 말했다. "일설에는 경제에게 말해서 '제후들이 혹은 여러 군을 연결하는 것은 옛날의 제도가 아니고 오래도록 유지하는 계책도 아니어서 불편하므로 삭감하기를 청합니다.'라고 하자 경제가 공경에게 논하도록 이른 것이다."

徐廣曰一云言景帝曰諸侯或連數郡 非古之制 非久長策 不便 請削之 上令公卿 云云

② 議의

집해 서광이 말했다. "다른 판본에는 '환謹'으로 되어 있다."

徐廣曰 一作謹

조조가 죽고 나서 알자복야謁者僕射 등공鄧公[1]이 교위校尉가 되어 오吳와 초楚군을 공격하는 장수가 되었다. 돌아와 글을 올려서 군사의 일을 말하고 주상을 알현했다. 주상이 물었다.

"전쟁터를 경유해서 돌아왔는데[2] 조조가 죽었다는 소식을 듣고 오吳와 초楚에서 군사를 철수하지 않던가?"

등공이 대답했다.

"오왕이 반역하려고 한 것은 수십여 년이었습니다. 동기는 영지를 삭감하는 것으로 촉발되어 조조를 처벌하는 것으로 명분을 삼았으나 그 본뜻은 조조에게 있지 않았습니다. 또 신은 천하에 선비들의 입을 막아서[3] 감히 다시 말하지 못할까 두렵습니다."

鼂錯已死 謁者僕射鄧公[1]爲校尉 擊吳楚軍爲將 還 上書言軍事 謁見 上 上問曰 道軍所來[2] 聞鼂錯死 吳楚罷不 鄧公曰 吳王爲反數十年矣

發怒削地 以誅錯爲名 其意非在錯也 且臣恐天下之士嗛口^③ 不敢復
言也

① 鄧公등공
정의 《한서》에는 '등선鄧先'으로 되어 있다. 공문상은 이름이 선先이라
고 했다.
漢書作鄧先 孔文祥云名先

② 道軍所來도군소래
집해 여순이 말했다. "도로는 오군吳軍이 오는 곳을 좇은 것이다." 신찬
이 말했다. "도道는 '유由'(경유한다)이다."
如淳曰道路從吳軍所來也 瓚曰道 由也

③ 嗛口금구
색은 앞 글자 嗛의 발음은 '금[其錦反]' 또는 '금[其禁反]'이다.
上音其錦反 又音其禁反

주상이 말했다.
"무슨 뜻인가?"
등공鄧公이 말했다.
"대저 조조는 제후들이 강대해지면 제재하지 못할 것을 걱정했던

것입니다. 그러므로 봉지를 삭감시키고 경사京師를 높여서 만세의 이익을 주청한 것이었습니다. 계획을 비로소 시행하려는데 마침내 조조는 크게 죽임을 받았습니다. 이는 안으로 충신의 입을 막고 밖으로 제후들의 원수를 갚아준 것입니다. 신은 간절히 폐하를 위해 취하지 않았어야 한다고 여깁니다."

이에 경제가 묵연히 한참 있다가 말했다.

"공이 좋은 말을 했다. 나 또한 후회하고 있다."

이에 등공을 제수해서 성양城陽의 중위로 삼았다. 등공은 성고成固[1] 사람이며 기묘한 계책이 많았다.

무제 건원建元 연중에 무제는 현량을 초빙했는데 공경들이 등공을 말했다. 당시에 등공은 면직되어 집 안에 있다가 기용되어 구경九卿이 되었다. 1년 만에 다시 병으로 관직을 사양하고 고향으로 돌아갔다.

그의 아들 장章이 황로黃老의 술법을 닦아서 여러 공公 사이에 이름이 드러났다.

上曰 何哉 鄧公曰 夫鼂錯患諸侯彊大不可制 故請削地以尊京師 萬世之利也 計畫始行 卒受大戮 內杜忠臣之口 外爲諸侯報仇 臣竊爲陛下不取也 於是景帝黙然良久 曰 公言善 吾亦恨之 乃拜鄧公爲城陽中尉 鄧公 成固[1]人也 多奇計 建元中 上招賢良 公卿言鄧公 時鄧公免 起家爲九卿 一年 復謝病免歸 其子章以脩黃老言 顯於諸公間

① 成固성고

정의 양주의 성고현이다. 《괄지지》에서 말한다. "성고의 옛 성은 양주

성고현 동쪽 6리에 있으며 한나라 성고성이다."

梁州成固縣也 括地志云成固故城在梁州成固縣東六里 漢城固城也

태사공은 말한다.

원앙은 비록 학문을 좋아하지 않았으나 또한 억지로 끌어다 붙이는 데에 능했다. 그는 인仁한 미음을 바탕으로 삼고 의義를 이끌어 세상을 개탄했다. 효문제가 막 즉위할 때 만나 재능을 발휘할 수 있는 적절한 세상을 만났던① 것이다. 시대가 변하고 바뀌어서② 오吳와 초楚의 한마디의 말이 미쳐서 그 말이 비록 행해졌지만, 다시는 행해지지 않았다.③ 명성을 좋아하고 현명함을 자랑했으나 마침내는 명성 때문에 무너졌다.

조조는 태자의 가령家令이 되었을 때 자주 사업을 말했는데 채용되지 않았다. 뒤에 권력을 쥐고 마음대로 해 바꾸고 고친 것이 많았다. 제후들이 난을 일으키자 바로잡아 구하는 데 급하게 하지 않고 사사로운 원한을 갚으려다 도리어 자신을 망쳤다. 속담에 이르기를 "옛것을 변화시키고 상도常道를 어지럽히는 자는 죽지 않게 되면 망한다."라고 했는데 어찌 조조 등을 이르는 것일까?

太史公曰 袁盎雖不好學 亦善傅會 仁心爲質 引義忼慨 遭孝文初立 資適逢世① 時以變易② 及吳楚一說 說雖行哉 然復不遂③ 好聲矜賢 竟以名敗 鼂錯爲家令時 數言事不用 後擅權 多所變更 諸侯發難 不急匡救 欲報私讎 反以亡軀 語曰 變古亂常 不死則亡 豈錯等謂邪

① 資適逢世_{자적봉세}

장안이 말했다. "자資는 재능이다. 때마침 그 세상을 만나서 그의 재주를 펼 수 있었다."

張晏曰資 才也 適值其世 得騁其才

② 時以變易_{시이변역}

집해 장안이 말했다. "경제景帝가 제위에 오른 것이다."

張晏曰謂景帝立

③ 及吳楚一說~然復不遂_{급오초일설~연부불수}

신주 오초가 반란을 일으킬 무렵 조조를 주살하라는 그의 제의가 받아들여져 행해졌으나 그 후에 다시는 조정에서 쓰이지 않았다는 말이다.

색은술찬 사마정이 펼쳐서 밝히다.

원앙은 공평하고 곧았으나 또한 억지로 끌어다 붙이는 것이 많았다. 황제의 수레와 나란히 하며 중시되었고 황제의 수레를 탐에 힘입어 신부인의 자리를 뒤로 물렸다. 조회에서 조조는 책략을 세워 누차 이롭고 해로움을 진술했다. 주상을 높이고 신하를 낮추니 집안은 위태로웠으나 나라는 태평하게 되었다. 슬프다! 저 두 사람이여. 이름은 세웠으나 몸은 망가졌구나.

袁絲公直 亦多附會 攬轡見重 卻席翳賴 朝錯建策 屢陳利害 尊主卑臣 家危國泰 悲彼二子 名立身敗

사기 제102권 史記卷一百二

장석지풍당열전 張釋之馮唐列傳

신주 장석지張釋之는 남양군南陽郡 도양현堵陽縣 사람이다. 자字는 계季이다. 처음 기랑騎郎으로 관직에 들어가 10년 동안 승진하지 못해 귀향하고자 했다. 이때 원앙袁盎의 천거로 황제를 곁에서 모시는 알자謁者가되었다. 이후 알자복야謁者僕射, 공거령公車令, 중대부中大夫, 중랑장中郎將, 정위廷尉를 역임했다. 장석지는 알자복야에 임명되었을 때 문제를 수행하여 호랑이 우리에 올랐다가 임금의 질문에 대답을 잘한 관리의 승진을두고 간언했던 일, 공거령 관직에 임명되었을 때 태자와 양왕이 입조하는데 사마문에서 수레를 내리지 않은 것을 두고 탄핵했던 일, 정위 관직에임명되었을 때 문제가 밖으로 행차하여 중위교를 지나는데 장석지가 임금의 거기車騎를 놀라게 한 범법자를 두고 간언했던 일, 고묘高廟에서의옥가락지 절도 범죄자를 두고 간언했던 일 등에 대해 적나라하게 묘사되어 있다. 모두 승진과 형량에 대한 자신의 의견을 두려움 없이 문제에게 간언한 사안들이다. 결국 장석지의 의견은 문제가 모두 받아들였고, 장석지는 공정하게 법을 집행한 것으로 명망이 높았다. 하지만 문제가죽고 즉위한 경제를 1년 남짓 섬기고 회남왕의 승상으로 내려갔다. 이전의 탄핵 사건이 정신적 부담으로 작용하였기 때문이다.

풍당馮唐(?~?)은 전한前漢 사람이다. 선조는 전국시대에 한韓나라 상당에서 군수를 했다. 진秦나라에 압박을 받은 상당을 조趙나라에 바쳐서 화양군華陽君이 된 풍정馮亭의 집안인데, 장평전투에서 사망한 후 그 종족은 여러 곳으로 갈라졌다. 조부는 조趙나라 사람이었는데, 부친 때 이주해서 대代나라의 재상이 되었으며, 한漢나라 때 안릉으로 옮겼다. 풍당은 효행으로 명성이 높았으며, 중랑서장中郞署長이 되어 문제文帝를 섬겼다. 풍당도 노여움을 살 정도의 간언을 서슴없이 했다. 그 기사의 요점을 약술하면, 어느 날 문제가 풍당에게 물었다. "그대는 어떻게 낭郞이 되었는가?" 풍당이 사실대로 대답하자 문제는 "나는 거록에서 싸운 조나라 장군 이제李齊의 현명함을 듣고 거록을 잊은 적이 없다. 그대는 그를 알고 있는가."라고 물었다. 풍당은 대답하기를 "이제李齊는 염파廉頗와 이목李牧을 당할 수 없습니다."라고 하였다. 문제가 탄식하기를 "염파나 이목을 장수로 삼으면 흉노를 겁낼 필요가 없을 텐데"라고 하였지만, 풍당은 문제에게 "폐하께서 염파나 이목을 얻더라도 쓸 수 없을 겁니다."라고 말하자, 문제가 분노하여 궁궐 안으로 들어갔다. 잠시 후 문제는 풍당을 불러 왜 사람들 앞에서 자신을 욕보이게 했느냐며 질타했다. 풍당은 "나는 시골뜨기여서 숨길 줄 몰랐습니다."라고 대답했다. 풍당과 임금 간의 짤막한 대화를 통해서 풍당은 신하임에도 임금에게 거리낌없이 간언하는 인물임을 알 수 있다. 풍당은 장석지와 마찬가지로 경제가 즉위할 때 초나라 승상이 되었으나 면직되었다.

장석지와 풍당과 같은 인물이 올바른 의견을 개진하면서 군주에 대한 비판까지도 할 수 있었던 것은 문제를 선군善君으로 만들었고, 경제와 문화를 끌어올리는 데 밑거름으로 작용했을 것이다. 태사공도 그렇게 생각한 듯하다. 그가 열전의 말미에서 묘사한 장계와 풍공의 관료로서의 자세나 《서경書經》을 인용해서 장계와 풍공을 논찬한 내용이 그것을 시사하고 있다.

공정한 법관 장석지

장정위張廷尉 석지釋之는 도양堵陽[1] 사람이고, 자字는 계季이다. 그의 형 중仲과 동거했다. 재물을 바치고[2] 기랑騎郎이 되었는데 효문제를 섬긴 지 10년이 되었으나 승진하지 못하고 명성도 알려진 바가 없었다. 이에 장석지가 말했다.

"오랫동안 벼슬살이를 하면서 형의 재산만 축내고 뜻을 이루지 못했구나."

스스로 벼슬을 그만두고 고향으로 돌아가려고 하였다. 중랑장中郞將 원앙袁盎은 그가 어질다는 것을 알고 그가 떠나는 것을 애석하게 여겨 이에 주청해서 장석지를 옮겨서 알자謁者[3]에 보임했다.

張廷尉釋之者 堵陽[1]人也 字季 有兄仲同居 以訾[2]爲騎郎 事孝文帝 十歲不得調 無所知名 釋之曰 久宦減仲之産 不遂 欲自免歸 中郞將袁盎 知其賢 惜其去 乃請徙釋之補謁者[3]

① 堵陽도양

색은 위소가 말했다. "堵의 발음은 '자赭'이다. 또 통상적인 음으로 읽는다. 지명으로 남양에 속한다."

韋昭堵音赭 又音如字 地名 屬南陽

[정의] 응소가 말했다. "애제哀帝가 고쳐 순양順陽이라 했고, 물은 동남쪽으로 흘러 채蔡 땅으로 들어간다."《괄지지》에서 말한다. "순양의 옛 성은 등주 양현 서쪽 30리에 있는데 초나라 순읍이었다. 〈소진열전〉에서 '초나라 북쪽에 순양이 있다.'라고 했는데, 나란히 이곳을 이른다."

應劭曰 哀帝改爲順陽 水東南入蔡 括地志云 順陽故城在鄧州穰縣西三十里 楚之郇邑也 及蘇秦傳云 楚北有郇陽 竝謂此也

② 訾자

[집해] 소림이 말했다. "돈을 돌아보기를 곡식을 내는 것같이 한 것이다." 여순이 말했다. 《한의》의 주석에는 '500만 금의 자금을 바치면 상시랑常侍郎을 얻을 수 있었다.'라고 하였다."

蘇林曰 顧錢若出穀也 如淳曰 漢儀注訾五百萬得爲常侍郎

[색은] 訾의 발음은 '지[子移反]'이다. 《자원》에서 "자貲는 재물을 모으는 것이다."

訾音子移反 字苑云 貲 積財也

③ 謁者알자

[정의] 《한서》〈백관표〉에서 말한다. "알자謁者는 빈객이 일을 받는데 인도하는 것을 관장한다. 17명의 관원을 두었으며 녹봉은 비600석이다."

百官表云 謁者 掌賓讚受事 員十七人 秩比六百石也

장석지는 이미 조회를 마치고 전대前代에 의거하여 편리한 일에 관해 말했다. 이에 문제가 말했다.

"낮추어 일상적으로 말하라. 매우 고상한 담론을 하지 말라. 지금 시행할 수 있는 것을 이야기하라.①"

이에 장석지는 진秦나라와 한漢나라에서 일어난 사건을 말하고 진나라가 천하를 잃은 것과 한나라가 천하를 일으킨 바를 오래도록 이야기했다. 문제가 좋은 이야기라고 칭찬하고 이에 장석지를 제수해서 알자복야謁者僕射로 삼았다.

장석지는 문제를 따라 호랑이 우리②로 올라갔다. 문제는 상림원 위尉③에게 모든 금수禽獸를 적은 장부에 관해 물었다. 10여 차례나 물었는데도 위尉가 좌우만 살펴볼 뿐 모두 능히 대답하지 못했다. 그런데 호랑이 우리의 색부嗇夫④는 곁에서 위尉를 대신하여 문제가 묻는 금수禽獸를 적은 장부에 대해 심히 자세하게 대답했다. 그는 자신의 능력을 나타내 보이려고 소리에 메아리가 울리듯이 끝없이 문제의 질문에 대답했다. 문제가 말했다.

"관리란 이와 같아야 마땅하지 않겠는가? 위尉들은 믿을 수가 없구나!⑤"

이에 장석지에게 조서를 내려 색부를 제수해서 상림령上林令으로 삼으라고 했다.

釋之旣朝畢 因前言便宜事 文帝曰 卑之 毋甚高論 令今可施行也① 於是釋之言秦漢之間事 秦所以失而漢所以興者久之 文帝稱善 乃拜釋之爲謁者僕射 釋之從行 登虎圈② 上問上林尉③諸禽獸簿 十餘問 尉左右視 盡不能對 虎圈嗇夫④從旁代尉對上所問禽獸簿甚悉 欲以觀其能

> 口對響應無窮者 文帝曰 吏不當若是邪 尉無賴⑤ 乃詔釋之拜嗇夫爲上
> 林令

① 卑之~令今可施行也비지~영금가시행야

[색은] 살펴보니 비卑는 하下이다. 장차 그의 뜻을 낮추고 매우 고상한
담론을 하지 말도록 한 것이니, 다만 시사時事에 의지해서 고원古遠하게
설명하지 말라고 명한 것이다.

案 卑 下也 欲令且卑下其志 無甚高談論 但令依時事 無說古遠也

② 圈권

[정의] 圈의 발음은 '권[求遠反]'이다.

求遠反

③ 尉위

[색은] 《한서》〈백관표〉에는 상림上林에 8승丞 12위尉가 있다. 〈백관지〉
에는 위尉의 녹봉은 300석이다.

漢書表上林有八丞十二尉 百官志尉秩三百石

④ 嗇夫색부

[정의] 호랑이 우리를 관장한다. 〈백관표〉에서 말한다. "향색부鄕嗇夫가
있는데 이들이 그 유형이다."

掌虎圈 百官表有鄕嗇夫 此其類也

⑤ 無賴무뢰

장안이 말했다. "믿을 만한 재주가 없는 것이다."

張晏曰 才無可恃

장석지가 한참 동안 있다가 앞으로 나가서 말했다.

"폐하, 강후 주발을 어떤 사람이라고 여기십니까?"

문제가 말했다.

"장자長者이니라."

장석지가 또 다시 물었다.

"동양후東陽侯 장상여張相如은 어떤 사람이라고 여기십니까?"

문제가 다시 대답했다.

"장자長者이니라."

장석지가 말했다.

"대저 강후나 동양후를 장자라고 일컬으시지만, 이 두 사람은 사업을 말할 때 일찍이 구변이 없어서 능히 말을 내지 못했습니다. 어찌 이 색부처럼 수다스럽고① 이로운 말로 대화하며 대답만 잘하는 것을 본받아야 하겠습니까? 또 진秦나라는 도필을 다루는 관리를 임용해 관리들이 다투어 신속하고 까다롭게 살피는 것을 서로 높였습니다. 그러나 그 폐단은 한갓 문서로만 갖추어졌을 뿐이고② (백성을) 측은하게 여기는 실상은 없었습니다.

釋之久之前曰 陛下以絳侯周勃何如人也 上曰 長者也 又復問 東陽侯

張相如何如人也 上復曰 長者 釋之曰 夫絳侯東陽侯稱爲長者 此兩人

言事曾不能出口 豈斅此嗇夫諜諜^①利口捷給哉 且秦以任刀筆之吏 吏爭以亟疾苛察相高 然其敝徒文具耳^② 無惻隱之實

① 諜諜첩첩

[집해] 진작이 말했다. 諜의 발음은 '첩牒'이다.

晉灼曰 音牒

[색은] 諜의 발음은 '첩牒'이다. 《한서》에는 '첩첩喋喋'으로 되어 있으며, 말이 많은 것이다.

音牒 漢書作喋喋 口多言

② 敝徒文具耳패도문구이

[색은] 살펴보니 쓸데없는 문사만을 갖추고 그 실상이 없는 것을 이르는 것이다.

案 謂空具其文而無其實也

그 때문에 (진시황은) 그의 허물을 듣지 못했고 (나라는) 점점 쇠약해져서 이세二世에 이르러 천하는 흙이 무너지듯 했습니다. 지금 폐하께서 색부가 구변이 좋다고 여겨서 자리를 초월하여 바꾼다면 신은 천하의 사람들이 바람 따라 풀이 쏠리듯 다투어서 구변만을 위하고 그 실상이 없어질까 봐 두렵습니다. 또 아랫사람이 윗사람을 변화시키는 것은 그림자와 메아리보다 빠르니 천거할 것인가, 그대로 둘 것인가를 살피지 않을 수 없습니다."
문제가 말했다.
"좋은 말이다."
이에 색부에게 상림령에 제수하는 것을 중지시켰다.

以故不聞其過 陵遲而至於二世 天下土崩 今陛下以嗇夫口辯而超遷之
臣恐天下隨風靡靡 爭爲口辯而無其實 且下之化上疾於景響 舉錯不可
不審也 文帝曰 善 乃止不拜嗇夫

주상이 수레로 나아가 장석지를 불러서 참승參乘하게 하고 천천
히 가면서 진나라가 무너진 것에 관해 물었다.
장석지는 진실함을 가지고① 갖추어 말했다.
궁宮에 다다르자 문제는 장석지를 제수해서 공거령公車令②으로 삼
았다. 얼마를 지나서 태자太子와 양왕梁王이 함께 수레를 타고 조
회를 들어오는데, 사마문에서 내리지 않자③ 이에 장석지가 추격해
서 태자와 양왕을 중지시키고 전문殿門으로 들어올 수 없게 했다.
마침내 공문公門에서 내리지 않은 불경죄로 탄핵해서 아뢰었다.
박태후가 이러한 사실이 듣고 (근심하자) 문제는 관을 벗고 사죄해
서 말했다.
"자식을 교육하는 데 삼가지 못했습니다."
박태후는 이에 사신에게 조서를 받들고 가게 해서 태자와 양왕을
사면하니, 그제서야 들어갈 수 있었다. 문제는 이로 말미암아 장
석지를 기이하게 여기고 제수해 중대부로 삼았다.

上就車 召釋之參乘 徐行 問釋之秦之敝 具以質①言 至宮 上拜釋之爲
公車②令 頃之 太子與梁王共車入朝 不下司馬門③ 於是釋之追止太子
梁王無得入殿門 遂劾不下公門不敬 奏之 薄太后聞之 文帝免冠謝曰
教兒子不謹 薄太后乃使使承詔赦太子梁王 然后得入 文帝由是奇釋之
拜爲中大夫

① 質질

집해 여순이 말했다. "질質은 '성誠'(진실하다)이다."

如淳曰 質 誠也

② 公車공거

신주 공거公車는 한나라 때 관청명으로 상소문을 받아들이는 일을 관장
했다.

③ 不下司馬門불하사마문

집해 여순이 말했다. "궁위령宮衛令에서 '전각문殿閣門과 공거公車의
사마문司馬門을 출입할 때 초전軺傳(역참 소속의 수레)을 탄 자들은 모두
내려야 하며, 영令에 따르지 않으면 벌금이 4냥兩이다.'라고 했다."

如淳曰 宮衛令 諸出入殿門公車司馬門 乘軺傳者皆下 不如令 罰金四兩

얼마를 지나서 중랑장中郞將에 이르렀다. 문제의 행차를 따라 패릉에 이르러서 문제는 북쪽의 언덕 위에 올라 있었다.[①] 이때 신부인이 따라와 옆에 있었다. 문제는 손가락으로 신부인에게 신풍新豊으로 통하는 길을 가리켜 보이면서 말했다.

"이곳으로 달려가면 한단에 이르는 길이오.[②]"

이에 신부인에게 비파를 타게 하고 문제는 스스로 비파에 맞추어 노래를 불렀는데[③] 노래의 곡조는 몹시 처량하고 슬펐다. 문제는 모든 신하를 돌아보면서 말했다.

"아아! 북산의 아름다운 돌로 곽槨을 만들고[④] 모시와 솜을 써서[⑤] 관을 채우고, 그 사이에 칠을 바른다면[⑥] 어찌 움직일 수 있겠는가?"

좌우에서 모두 말했다.

"좋은 말씀입니다."

장석지가 앞으로 나아가 말했다.

"그 속에 욕심나는 것이 있게 된다면 비록 남산으로 덮더라도 오히려 꺼낼 틈이 있을 것이고[⑦] 그 속에 욕심나는 것을 두지 않는다면 비록 돌로 관을 만들지 않더라도 또 무엇을 걱정하겠습니까?"

문제가 좋은 말이라고 칭찬했다. 그 뒤에 장석지를 제수해서 정위廷尉로 삼았다.

頃之 至中郞將 從行至霸陵 居北臨廁[①] 是時愼夫人從 上指示愼夫人新豐道 曰 此走邯鄲道也[②] 使愼夫人鼓瑟 上自倚瑟而歌[③] 意慘悽悲懷 顧謂群臣曰 嗟乎 以北山石爲椁[④] 用紵絮[⑤]斮陳 蔡漆其間[⑥] 豈可動哉 左右皆曰 善 釋之前進曰 使其中有可欲者 雖錮南山猶有郤[⑦] 使其中無可欲者 雖無石椁 又何戚焉 文帝稱善 其後拜釋之爲廷尉

① 霸陵 居北臨廁패릉 거북임측

[집해] 이기가 말했다. "패릉霸陵 북쪽 어귀의 패수와 가까운 곳으로 문제가 그 위에 올라서 멀리 바라보았다." 여순이 말했다. "높이 올라서 아래 변두리를 내려다보는 것을 측廁이라 한다." 소림이 말했다. "측廁은 가장자리 곁이다." 위소가 말했다. "높은 언덕이 물을 끼고 있는 것이 측廁이다."

李奇曰 霸陵北頭廁近霸水 帝登其上 以遠望也 如淳曰 居高臨垂邊曰廁也 蘇林曰 廁 邊側也 韋昭曰 高岸夾水爲廁也

[색은] 유씨는 廁의 발음은 '치[初吏反]'라고 했다. 살펴보니 "이기가 말하기를 '패릉의 북쪽 어귀의 패수와 가까운 곳이다.'라고 했고, 소림은 '측廁은 가장자리 곁이다.'라고 했고, 포개는 廁의 발음을 '측側'이라고 했는데, 뜻이 또한 모두 통한다.

劉氏廁音初吏反 按 李奇曰 霸陵北頭廁近霸水 蘇林曰 廁 邊側也 包愷音側 義亦兩通也

② 走邯鄲道也주한단도야

[집해] 장안이 말했다. "신부인愼夫人은 한단 사람이다." 여순이 말했다. "走의 발음은 '주奏'이며, 달린다는 뜻이다."

張晏曰 愼夫人 邯鄲人也 如淳曰 走音奏 趨也

[색은] 走의 발음은 '주奏'이다. 살펴보니 주走는 '향向'(향하다)과 같은 뜻이다.

音奏 案 走猶向也

③ 倚瑟而歌의슬이가

집해 《한서음의》에서 말한다. "목소리를 비파의 가락에 의지한 것이다."《상서》에서 말한다. "소리는 가락에 의지해 읊는 것이다."

漢書音義曰 聲氣依倚瑟也 書曰聲依永

색은 倚의 발음은 '의[於綺反]'이다. 살펴보니 노랫소리를 비파소리에 맞춘 것으로 서로 의지하는 것이다.

倚音於綺反 案 謂歌聲合於瑟聲 相依倚也

④ 北山石爲槨북산석위곽

정의 안사고가 말했다. "아름다운 돌은 경사京師의 북쪽 산에서 나는데 지금의 의주 돌이 그것이다."

顔師古云 美石出京師北山 今宜州石是

⑤ 紵絮저서

색은 앞 글자 紵의 발음은 '져[張呂反]'이고, 뒷 글자 絮의 발음은 '서[息慮反]'이다.

上張呂反 下息慮反

⑥ 斮陳 蔡漆其間착진 서칠기간

집해 서광이 말했다. "착斮은 다른 판본에는 '착錯'으로 되어 있다." 살펴보니《한서음의》에서 말한다. "착서斮絮는 칠로써 그 사이를 붙이는 것이다."

徐廣曰 斮 一作錯 騶案 漢書音義曰 斮絮 以漆著其間也

색은 묵은 솜을 잘라 그 틈을 옻칠하여 붙이는 것이다. 斮의 발음은 '착[側略反]'이다. 絮의 발음은 '여[女居反]'이다. 살펴보니 묵은 솜을 잘라 그 틈을 옻칠로 붙이는 것이다.

斲陳絮漆其間 斲音側略反 絮音女居反 案 斲陳絮以漆著其間也

⑦ 錮南山猶有郤고남산유유극

[집해] 장안이 말했다. "고錮는 쇳물을 붓는 것이다. 문제가 북쪽을 향해 있으므로 북산北山이라 일렀다. 머리를 돌려 남쪽으로 향했으므로 남산南山이라 일렀다."

張晏曰 錮 鑄也 帝北向 故云北山 迴顧南向 故云南山

[색은] 살펴보니 장안이 말했다. "고錮는 쇳물을 붓는 것이다. 문제가 북쪽을 향해 있으므로 '북산'이라 일렀다. 머리를 돌려 남쪽으로 향했으므로 '남산'이라고 일렀다." 지금 살펴보니 대안大顔은 "북산의 청석青石은 그 결이 조밀하고 비석이나 관을 만드는데 적당해 지금에 이르러서도 오히려 그러하다. 그러므로 〈진본기〉에는 아방궁阿房宮을 만들었다고 하고 어떤 이는 여산酈山의 석곽石槨을 만들었다고 한 것이 이것이다."라고 했다. 그러므로 문제는 북산北山의 돌로 관을 만들어 그 정밀한 것을 취하고자 한 것이다. 장석지가 대답해서 말하기를 '다만 박장薄葬해서 무덤 속에 가히 탐낼 것이 없게 한다면 비록 석곽이 아니더라도 무슨 근심이 있겠느냐.'고 했다. 만약 무덤에 후한 물건이 있게 된다면 비록 아울러 남산南山으로 뒤덮더라도 오히려 남에게 발굴되는 것이다. '남산'이라고 말한 것은 그 높고 후한 뜻을 취한 것으로 장안이 자못 그 뜻을 잃은 것이다.

案 張晏云 錮 鑄也 帝北向 故云北山 回顧向南 故云南山 今案 大顔云 北山青石肌理密 堪爲碑槨 至今猶然 故秦本紀作阿房或作酈山石槨是也 故帝欲北山之石爲槨 取其精牢 釋之答言 但使薄葬 冢中無可貪 雖無石槨 有何憂焉 若使

厚殉 冢中有物 雖幷錮南山 猶爲人所發掘也 言南山者 取其高厚之意 張晏殊
失其旨也

정위가 되고 한참을 지났을 때, 문제가 밖으로 행차하여 중위교^①
를 지나는데 어떤 사람이 다리 아래서 뛰쳐나와 수레를 맨 말이
놀랐다. 이에 기병에게 붙들어오게 해서 정위에게 넘겼다. 장석지
가 신문하자 그가 말했다.

"장안현 사람인데^② 황제가 출타한다는 벽제辟除 소리를 듣고 다
리 아래로 숨었습니다. 한참 있다가 행차가 이미 지나갔을 것으
로 여겨서 곧 나왔는데 수레와 기병들이 있는 것을 보고 곧 달아
났습니다."

장정위는 판결의 내용을 보고했으며 이것은 한 사람이 황제의 행
차를 범한 것으로 벌금형에 해당한다^③고 했다. 문제는 노여워하
고 말했다.

"이 사람이 친히 나의 말을 놀라게 했다. 나의 말은 유순했기 때
문이지만 다른 말이었다면 진실로 나를 상하게 하지 않았겠는가?
정위는 그런데 벌금형에 처하는 것이 마땅한 것인가?"

頃之 上行出中渭橋^① 有一人從橋下走出 乘輿馬驚 於是使騎捕 屬之廷
尉 釋之治問 曰縣人^②來 聞蹕 匿橋下 久之 以爲行已過 卽出 見乘輿車
騎 卽走耳 廷尉奏當 一人犯蹕 當罰金^③ 文帝怒曰 此人親驚吾馬 吾馬
賴柔和 令他馬 固不敗傷我乎 而廷尉乃當之罰金

① 中渭橋중위교

집해 장안이 말했다. "위교渭橋에 있는 중간 길이다." 신찬이 말했다. "중위교 양쪽 언덕의 가운데이다."

張晏曰 在渭橋中路 瓚曰 中渭橋兩岸之中

색은 장안과 신찬의 설이 모두 틀렸다. 살펴보니 지금 위교渭橋는 세 곳이 있다. 하나는 성 서북쪽 함양로에 소재해서 서위교라고 한다. 하나는 동북쪽 고릉도高陵道에 소재해서 동위교라고 한다. 그 중위교는 옛 성 북쪽에 있다.

張晏臣瓚之說皆非也 案 今渭橋有三所 一所在城西北咸陽路 曰西渭橋 一所在東北高陵道 曰東渭橋 其中渭橋在古城之北也

② 縣人현인

집해 여순이 말했다. "장안현長安縣 사람이다."

如淳曰 長安縣人

③ 一人犯蹕 當罰金일인범필 당벌금

집해 여순이 말했다. "을령乙令에 '벽제할 때 먼저 이르러 침범하는 자는 벌금이 4냥이다.'라고 했다. 필蹕은 행인을 금지하는 것이다."

如淳曰 乙令 蹕先至而犯者罰金四兩 蹕 止行人

색은 살펴보니 최호가 말했다. "마땅히 그의 죄에 처하는 것을 이른다." 살펴보니 《한서》〈백관지〉에서 말한다. "정위는 형벌을 공평하게 처리하여 응하는 바에 마땅한 것을 아뢰는 것이다. 군국郡國에서 의심스러운 죄를 평의해서 모두 마땅한 죄에 따라 처하여 보고하는 것이다."

案 崔浩云 當謂處其罪也 案 百官志云 廷尉平刑罰 奏當所應 郡國讞疑罪 皆處

當以報之也

장석지가 말했다.

"법이란 천자께서도 천하의 백성과 함께하는[①] 것입니다. 지금의 법이 이와 같은데 고쳐서 무겁게 처벌한다면 이 법은 백성에게 신용을 얻지 못할 것입니다. 또 바야흐로 그때 폐하께서 곧 처단했다면 그만이었을 뿐입니다. 지금 이미 정위에 내려졌으니 정위는 천하에 (형벌을) 공평하게 할 것입니다. 한 번 법이 기울어지게 되면 천하에서 법을 사용하는 자들은 모두 고쳐서 무겁게 할 것이니 백성이 편안하게 그의 손과 발을 놓아둘 수 있겠습니까? 오직 폐하께서는 살펴주십시오."

한참 있다가 문제가 말했다.

"정위의 판결이 옳다."

그 뒤 어떤 사람이 고묘高廟(고조의 사당) 앞, 좌대에 놓여 있는 옥가락지를 훔쳤다가 체포되었는데, 문제가 노여워하고 정위에게 내려서 치죄하게 했다.

장석지는 종묘의 의복이나 진열해 있는 것들을 훔친 자에 관한 법조문을 조사해서 아뢰는데 그것은 기시棄市에 해당한다고 아뢰었다. 문제는 크게 노여워하고 말했다.

"사람이 무도無道하여 선제先帝의 사당의 기물을 훔쳤으므로 나는 정위에게 내려서 멸족시키고자 했는데 그대는 법대로만[②] 아뢰니 내가 종묘를 받들어 뜻을 함께하는 까닭이 아니오."

釋之曰 法者天子所與天下公^①共也 今法如此而更重之 是法不信於民
也 且方其時 上使立誅之則已 今既下廷尉 廷尉 天下之平也 一傾而天
下用法皆爲輕重 民安所措其手足 唯陛下察之 良久 上曰 廷尉當是也
其後有人盜高廟坐前玉環 捕得 文帝怒 下廷尉治 釋之案律盜宗廟服
御物者爲奏 奏當棄市 上大怒曰 人之無道 乃盜先帝廟器 吾屬廷尉者
欲致之族 而君以法^②奏之 非吾所以共承宗廟意也

① 公공

색은 안사고가 말했다. "공公은 사사롭지 않음을 이른다."

小顏云 公謂不私也

② 法법

색은 살펴보니 법은 율律에 의해 판단하는 것이다.

案 法者 依律以斷也

장석지가 관을 벗고 머리를 조아리고 사죄해서 말했다.
"법으로 이처럼 적용하면 충분합니다.^① 또 죄는 같으나^② 거역하
고 순종하는 것에 따라 차등이 있습니다. 지금 종묘의 제기들을 훔
친 것에 가족을 멸하려면 1만 분의 1만큼이라도 (멸족에 해당하는 죄가)
있어야 합니다. 가령 어리석은 백성이 장릉長陵의 흙 한 줌을 취했
다면^③ 폐하께서는 어떻게 그에게 법을 적용하시겠습니까?^④"

한참을 지나 문제는 태후와 상의하고 정위의 처사는 마땅하다고 허락했다.

이때 중위 조후條侯 주아부周亞夫와 양梁나라 재상 산도후山都侯 왕염개王恬開[5]는 장석지가 공정한 판단을 가졌다고 생각하고 결연하여 친구가 되었다. 장정위는 이 때문에 천하에서 일컬어지게 되었다.

釋之免冠頓首謝曰 法如是足也[1] 且罪等[2] 然以逆順爲差 今盜宗廟器 而族之 有如萬分之一 假令愚民取長陵一抔土[3] 陛下何以加其法乎[4] 久之 文帝與太后言之 乃許廷尉當 是時 中尉條侯周亞夫與梁相山都 侯王恬開[5]見釋之持議平 乃結爲親友 張廷尉由此天下稱之

① 足족

집해 서광이 말했다. "족足은 다른 판본에는 '지止'로 되어 있다."
徐廣曰 足 一作止也

② 且罪等차죄등

집해 여순이 말했다. "모두 죽을죄이나 옥환玉環을 훔친 것은 장릉 長陵의 흙을 훔친 것의 (죄를) 거역하는 것과는 같지 않다는 것이다."
如淳曰 俱死罪也 盜玉環不若盜長陵土之逆也

③ 取長陵一抔土취장릉일부토

집해 장안이 말했다. "가리켜 말하고자 한 것이 아니기 때문에 흙을 취하는 것으로 비유한 것이다."

張晏曰 不欲指言 故以取土譬也

[색은] 抔의 발음은 '부[步侯反]'이다. 살펴보니 《예운》에서 "오존이부음 汙尊而抔飲"(땅을 파서 웅덩이를 만들어 손으로 움켜 마셨으며)이라고 했는데, 정현이 "부抔는 손으로 움켜쥐는 것이다. 글자는 수扌 변을 따른 것이다."라고 했다. 글자는 본래 어떤 이는 '배盃' 자라 하고 일작一勺, 일배一杯로 말하며 두 가지 음이 나란히 통한다. 또 抔의 발음은 '뵈[普迴反]'이다. 배坏(坏)는 불로 굽지 않은 벽돌의 이름이다. 장안이 말하기를 "가리켜 말하고자 한 것이 아니기 때문에 흙을 취하는 것으로 비유한 것이다."라고 한 것은 아마도 도둑이 장릉을 파헤친 것과 또 선제先帝의 시신에 바싹 가까이 이르러 손상시킨 것을 설명하고자 하지 않은 것이다.

抔音步侯反 案 禮運云汙尊而抔飲 鄭氏云 抔 手掬之 字從手 字本或作盃 言一勺一杯 兩音竝通 又音普迴反 坏者 塼之未燒之名也 張晏云 不欲指言 故以取土譬者 蓋不欲言盜開長陵及說傷迫近先帝故也

④ 陛下何以加其法乎폐하하이가기법호

[신주] 장릉의 흙 한 줌을 훔쳤다는 것은 능을 파괴한 행위를 축소해서 표현한 것이다. 거역하는 행위에 해당한다. 그래서 멸족시키는 것으로 치죄할 수 있다. 하지만 옥환을 훔친 것은 이에 해당하지 않기 때문에 멸족으로 치죄할 수 없다고 말한 것이다. 따라서 이는 황제가 직접 비교해 생각하고 판단할 수 있는 기회를 준 것이다.

⑤ 王恬開왕염개

[집해] 서광이 말했다. "개開는 다른 판본에는 '간閒'으로 되어 있다. 《한서》에는 '계啓'로 되어 있다. 계啓는 경제의 휘諱이기 때문에 '개開'라고도

한다."

徐廣曰 一作閭 漢書作啟 啟者 景帝諱也 故或爲開

뒤에 문제가 붕어하고 경제가 즉위했다. 장석지는 (지난날 경제가 태
자로 있을 때 탄핵한 일이) 두려워[1] 병을 핑계 대고 관직을 떠나려고 했
으며 크게 처벌이 이를 것을 두려워했다. 또 경제를 뵙고 사죄하
고자 했으나 어떻게 할지를 알지 못했다. 이에 왕생王生의 계책을
채용해 마침내 경제를 찾아뵙고 사죄했는데 경제는 허물로 여기
지 않았다.

왕생은 황제黃帝와 노자老子의 학설에 통달한 처사處士였다. 일찍
이 부름을 받아 조정 안으로 들어왔는데 삼공三公과 구경九卿이
모두 모여 있었다. 왕생은 노인으로 앉아 있다가 말했다.

"나의 버선이 풀어졌소.[2]"

그러고는 돌아보고 장정위에게 일러 말했다.

"나를 위해 버선 끈을 매어 주시오.[3]"

장석지가 무릎을 꿇고 매어 주었다.

이윽고 모임이 끝나자 어떤 사람이 왕생에게 일러 말했다.

"왜 유독 조정에서 장정위를 욕보여 무릎을 꿇고 버선 끈을 매게
했습니까?"

왕생이 말했다.

"나는 늙고 또 천한데 스스로 헤아려도 장정위에게 보탬이 없었
소. 장정위는 한창 천하의 이름난 신하인데 내가 일부러 장정위를

욕보여 무릎을 꿇고 버선 끈을 매게 함으로써 중히 여기게 하고
자 한 것이오."

後文帝崩 景帝立 釋之恐^① 稱病 欲免去 懼大誅至 欲見謝 則未知何如
用王生計 卒見謝 景帝不過也 王生者 善爲黃老言 處士也 嘗召居廷中
三公九卿盡會立 王生老人 曰 吾襪解^② 顧謂張廷尉 爲我結襪^③ 釋之跪
而結之 旣已 人或謂王生曰 獨奈何廷辱張廷尉 使跪結襪 王生曰 吾老
且賤 自度終無益於張廷尉 張廷尉方今天下名臣 吾故聊辱廷尉 使跪
結襪 欲以重之

① 恐공

색은 경제가 태자였을 때 양왕梁王과 함께 조회에 들어오면서 사마문
司馬門에서 수레에서 내리지 않자 장석지가 탄핵한 적이 있었기 때문에
두려워한 것이다.

謂帝爲太子時 與梁王入朝 不下司馬門 釋之曾劾 故恐也

② 襪解말해

정의 앞 글자 襪의 발음은 '멸[萬越反]'이고 뒷 글자 解의 발음은 '해[閑買反]'
이다.

上萬越反 下閑買反

③ 爲我結襪위아결말

색은 結의 발음은 통상적인 음으로 읽으며, 또한 結의 발음은 '계計'이다.

結音如字 又音計

여러 공이 듣고 왕생을 어질게 여기고 장정위를 중히 여겼다. 장정위는 경제를 섬긴 지 한 해 남짓 되어 회남왕 재상이 되었는데, 지난날의 과실로 말미암은 것이다. 오래되어 장석지가 죽었다. 그의 아들 장지張摯의 자는 장공長公이고 관직이 대부에 이르렀다가 면직되었다. 당세에 용납되는 것을 취하지 못했다.[1] 그러므로 죽을 때까지 벼슬을 하지 않았다.

諸公聞之 賢王生而重張廷尉 張廷尉事景帝歲餘 爲淮南王相 猶尙以前過也 久之 釋之卒 其子曰張摯 字長公 官至大夫 免 以不能取容當世 故終身不仕[1]

① 免~故終身不仕면~고종신불사

색은 성품이 공정하고 곧은 것을 이른다. 당세에 (권력자에게) 굽혀서 아첨할 수 없었기 때문에 관직에서 벗어나 벼슬을 하지 않은 것이다.

謂性公直 不能曲屈見容於當世 故至免官不仕也

문제를 깨우친 풍당

풍당馮唐은 할아버지가 조趙나라 사람이다. 그의 아버지가 대代로 이사했다. 한나라가 일어나자 안릉安陵으로 이사했다.

풍당은 효자로 세상에 알려져서 중랑서장中郞署長^①이 되었고, 문제를 섬겼다. 문제는 연輦을 타고 낭서郞署를 지나가다^② 들러서 풍당에게 물었다.

"노인께서는 어떻게 스스로 낭郞이 되셨소?^③ 집은 어디에 있소?"

풍당이 구체적인 사실로써 대답했다.

문제가 물었다.

"내가 대代에 살 때 나의 상식감尙食監 고거高祛는 자주 나에게 조나라 장수 이제李齊의 현명함과 그가 거록의 성 아래에서 싸운 일을 말해 주었소. 지금 나는 밥을 먹을 때마다 마음이 일찍이 거록에 가 있지 않은 날이 없었소.^④ 노인장께서도 알고 있소?"

풍당이 대답했다.

"(이제李齊는) 오히려 염파廉頗나 이목李牧 장군만 같지는 못합니다."

馮唐者 其大父趙人 父徙代 漢興徙安陵 唐以孝著 爲中郞署長^① 事文帝 文帝輦過^② 問唐曰 父老何自爲郞^③ 家安在 唐具以實對 文帝曰 吾居

> 代時 吾尙食監高祛數爲我言趙將李齊之賢 戰於鉅鹿下 今吾每飯 意
> 未嘗不在鉅鹿也④ 父知之乎 唐對曰 尙不如廉頗李牧之爲將也

① 中郞署長중랑서장

집해 응소가 말했다. "이것은 효자랑孝子郎을 이른다." 어떤 이는 지극한 효도로 알려진 것이라고 했다.

應劭曰 此云孝子郎也 或曰以至孝聞

색은 살펴보니 낭서郞署의 우두머리가 된 것을 이른다.

案 謂爲郎署之長也

② 輦過연과

색은 過의 발음은 '과戈'이다. 문제가 연輦을 타고 가다가 때마침 낭서에 들른 것이다.

過音戈 謂文帝乘輦 會過郎署

③ 自爲郞자위랑

색은 살펴보니 최호가 말했다. "자自는 종從(말미암다)이다. 문제가 풍당에게 무엇으로 말미암아 낭郞이 되었느냐고 물은 것이다." 또한 안사고가 말했다. "나이가 늙었는데도 도리어 말미암아 낭郞이 된 것을 이상하게 여긴 것이다."

案 崔浩云 自 從也 帝詢唐何從爲郎 又小顔云 年老矣 乃自爲郎 怪之也

④ 意未嘗不在鉅鹿也의미상부재거록야

張晏曰 每食念監所說李齊在鉅鹿時

문제가 말했다.

"어째서인가?"

풍당이 대답했다.

"신의 할아버지가 조나라에 있을 때 관직이 솔장率將(100명의 장수)①이었는데 이목李牧과 친했습니다. 신의 아비는 옛날에 대代의 재상이 되어 조나라 장수 이제李齊와 친해서 그의 사람됨을 잘 알고 있습니다."

문제는 이윽고 염파나 이목의 사람됨을 듣고 나서 매우 기뻐하고② 무릎을 치면서 말했다.

"아! 나는 홀로 염파나 이목과 같은 장수를 얻지 못했구려. 지금 시대에 나의 장수가 되었더라면 내 어찌 흉노를 근심하겠는가?"

上曰 何以 唐曰 臣大父在趙時 爲官(卒)〔率〕將① 善李牧 臣父故爲代相 善趙將李齊 知其爲人也 上旣聞廉頗李牧爲人 良②說 而搏髀曰 嗟乎 吾獨不得廉頗李牧 時爲吾將 吾豈憂匈奴哉

---

① 〔率〕將솔장

集解 서광이 말했다. "일설에는 '관사장官士將'으로 되어 있다." 살펴보니 진작이 말했다. "100인人이 철행撤行이 되는데 또한 모두 솔장帥將

이다."

徐廣曰 一云官士將 駰案 晉灼曰 百人爲徹行 亦皆帥將也

[색은] 위에 [집해] 주석에서 "100인이 철행徹行이 되는데 장수이다."라고 했다. 살펴보니 《국어》에서 말한다. "100인이 철행徹行이 되고 앞서 가는 자가 모두 관사官師이다." 가규가 말했다. "100인이 1대隊가 된다. 관사는 대隊의 대부大夫이다."

注百人爲徹行將帥 案國語百人爲徹行 行頭皆官師 賈逵云 百人爲一隊也 官師隊大夫也

[신주] 철행撤行은 100인이 1행行이 되는 군대의 대열을 가리킨다. 또한 철행徹行이라고도 한다.

② 良량

[집해] 여순이 말했다. "양良은 선善이다."

如淳曰 良 善也

풍당이 말했다.

"신臣은 놀랍고 두렵사오나① 폐하께서는 비록 염파나 이목과 같은 장수를 얻더라도 능히 등용하지 못할 것입니다."

문제가 노여워하고 일어나 궁 안으로 들어가 버렸다. 한참 지나서 풍당을 불러들여 꾸짖어 말했다.

"공은 어찌하여 많은 사람 앞에서 나를 모욕했는가? 오로지 조용한 곳이 없었던 것인가?"

풍당이 사죄하고 말했다.

"비루한 사람이라 꺼리고 숨기는 바를 알지 못했습니다."

이때 즈음에 흉노는 새로이 조나朝那[2]로 크게 쳐들어와 북지군[3] 도위 앙印[4]을 살해했다. 문제는 호胡가 도적질하는 것에 마음이 쓰여서 이에 마침내 다시 풍당에게 물었다.

"공公은 어찌하여 내가 염파나 이목과 같은 장수를 등용할 수 없다는 것을 알았소?"

唐曰 主臣[1] 陛下雖得廉頗李牧 弗能用也 上怒 起入禁中 良久 召唐讓曰 公柰何衆辱我 獨無閑處乎 唐謝曰 鄙人不知忌諱 當是之時 匈奴新大入朝那[2] 殺北地[3]都尉印[4] 上以胡寇爲意 乃卒復問唐曰 公何以知吾不能用廉頗李牧也

① 主臣주신

[색은] 살펴보니 악언이 말했다. "인신人臣이 (임금에게) 나아가 마주하고 앞에서 '주신主臣'이라고 일컫는 것인데, 상서上書의 말머리에 '매사昧死'(죽음을 무릅쓰다)라고 이르는 것과 같다." 살펴보니 《지림》에서 말한다. "풍당이 면전에서 천자를 꺾는 것인데, 어찌 두렵지 않다고 말하겠는가? 주신主臣이 '경포驚怖했다'는 것에서 그 말이 잘 드러난다." 또 위무제(조조)가 진림에게 이르기를 "경은 본래 애초에 격문을 지으면서 어찌 도리어 상조上祖를 언급하는가?"라고 하자 진림이 사죄해서 이르기를 '주신主臣'이라고 하였으니, 주신이 놀라고 두려워한다는 것이 더욱 분명하다. 해석이 이미 앞의 지志에 나와 있다.

案 樂彦云 人臣進對前稱主臣 猶上書前云昧死 案 志林云 馮唐面折萬乘 何言

不懼 主臣爲驚怖 其言益著也 又魏武謂陳琳云 卿爲本初檄 何乃言及上祖 琳
謝云主臣 益明主臣是驚怖也 解已見前志也

② 朝那조나

색은 앞 글자 朝의 발음은 '조朝'이고 뜻은 조루이다. 뒷 글자 那의 발음
은 '나[乃何反]'이다. 조나朝那는 현 이름이고 안정군에 속한다.

上音朝 早也 下音乃何反 縣名 屬安定也

정의 원주 백천현 서북쪽 10리에 있고 한나라 조나현이 이곳이다.

在原州百泉縣西北十里 漢朝邢縣是也

③ 北地북지

정의 북지군은 지금의 영주이다.

北地郡 今寧州也

④ 印앙

색은 살펴보니 도위의 성은 손孫이고 이름은 앙印이다.

案 都尉姓孫名印

풍당이 대답했다.
"신은 들었습니다. 옛날 왕자王者들은 장수를 파견할 때 몸소 무
릎을 꿇고 수레바퀴를 밀어주면서 말하기를 '도성 안의 일①은 과
인이 처리하고 도성 밖의 일은 장군이 처리하시오. 군사의 공로나

작위와 상벌은 모두 밖에서 결정하고 돌아와 보고하시오.'라고 했습니다. 이러한 것은 헛된 말이 아닙니다. 신의 할아버지가 말하기를 '이목이 조나라 장군이 되어 변방에 있을 때, 군軍이 관할하는 시장의 조세는② 모두 직접 사용해서 군사들을 먹이게 하고, 상을 내리는 것을 밖에서 결정하여 조정에서의 소란스러운 것을 따르지 않았다.'고 했습니다. 임무를 맡기고 공로의 성취를 책임지게 한 것입니다. 그러므로 이목 장군이 그의 지혜와 능력을 다할 수 있었습니다. 또 전차③ 1,300대와 활을 쏘는 기병④ 1만 3,000명과 100금의 상을 내릴 수 있는 용사⑤ 10만 명을 선발하여 파견했습니다.

唐對曰 臣聞上古王者之遣將也 跪而推轂 曰閫以內者① 寡人制之 閫以外者 將軍制之 軍功爵賞皆決於外 歸而奏之 此非虛言也 臣大父言 李牧爲趙將居邊 軍市之租②皆自用饗士 賞賜決於外 不從中擾也 委任而責成功 故李牧乃得盡其智能 遣選車③千三百乘 彀騎④萬三千 百金之士⑤十萬

① 閫以內者곤이내자

집해 위소가 말했다. "이것은 곽문郭門의 문지방이다. 문의 문지방을 곤閫이라 한다."

韋昭曰 此郭門之閫也 門中橜曰閫

색은 橜의 발음은 '궐[其月反]'이다.

橜音其月反

정의 閫의 발음은 '곤[苦本反]'이다. 문지방을 이른다.

閫音苦本反 謂門限也

② 軍市之租군시지조

[색은] 살펴보니 군중軍中에서 시장을 세우면 시장의 세금이 있다. 세稅는 곧 조租이다.

案 謂軍中立市 市有稅 稅卽租也

③ 選車선거

[색은] 살펴보니 《육도六韜》 글에는 수레를 선발하는 법이 있다.

案 六韜書有選車之法

④ 彀騎구기

[색은] 여순이 말했다. "彀의 발음은 '구構'이다. 구기彀騎는 활을 가진 기병이다."

如淳云 彀音構 彀騎 張弓之騎也

⑤ 百金之士백금지사

[집해] 복건이 말했다. "훌륭한 군사로 100금의 가치가 있는 것이다." 어떤 이는 100금金의 가치를 중시한 말이라고 했다.

服虔曰 良士直百金也 或曰 直百金 言重

[색은] 진작이 말했다. "100금은 귀중한 것을 취한 것이다." 복건이 말했다. "양사良士는 100금의 가치이다." 유씨가 말했다. "그의 공로가 100금의 상을 줄 만한 것이다." 이 사적이 《관자》와 《소이아》에서 보인다.

晉灼云 百金取其貴重也 服虔曰 良士直百金也 劉氏云 其功可賞百金者 事見管子及小爾雅

이 때문에 북쪽으로는 선우單于를 쫓아내고 동호東胡[1]를 무너뜨리고 담림澹林[2]을 멸망시키고, 서쪽으로는 강력한 진나라를 억제시키고, 남쪽으로는 한韓과 위魏에 버틸 수가 있었습니다. 이때를 당해 조나라는 거의[3] 패자覇者가 되었습니다.

그 뒤 때마침 조왕천趙王遷이 즉위했는데 그의 어머니는 창부倡婦[4]였습니다. 왕천王遷이 즉위하자 이에 곽개郭開[5]의 참소를 써서 마침내 이목을 처단하고 안취顔聚[6]를 시켜 대신하게 했습니다. 이 때문에 전쟁에서 무너지고 군사들은 패배했고 진秦나라에 왕은 사로잡혀 나라가 멸망당한 것입니다. 지금 신이 몰래 듣건대 위상魏尙[7]이 운중雲中의 태수가 되어 그곳 주둔지의 시장 세금은 모두 사졸들을 먹이고, 자신의 사사로운 금전[8]을 내서 5일마다 한 마리의 소를 잡아[9] 빈객과 군리와 사인舍人들을 대접했는데, 이 때문에 흉노가 멀리 피하고 운중의 요새에는 가까이하지 않았다고 합니다. 오랑캐가 일찍이 한 번 쳐들어왔는데 위상이 전차와 기마를 인솔하고 공격하여 오랑캐를 살해한 것이 매우 많았다고 합니다.

是以北逐單于 破東胡[1] 滅澹林[2] 西抑彊秦 南支韓魏 當是之時 趙幾[3] 霸 其後會趙王遷立 其母倡[4]也 王遷立 乃用郭開[5]讒 卒誅李牧 令顔聚[6]代之 是以兵破士北 爲秦所禽滅 今臣竊聞魏尙[7]爲雲中守 其軍市租盡以饗士卒 〔出〕私養錢[8] 五日一椎[9]牛 饗賓客軍吏舍人 是以匈奴遠避 不近雲中之塞 虜曾一入 尙率車騎擊之 所殺甚衆

① 東胡동호

색은 살펴보니 최호가 말했다. "오환烏丸의 선조이다. 나라는 흉노의 동쪽에 있다. 그러므로 동호라고 이른다."

案 崔浩云 烏丸之先也 國在匈奴之東 故云東胡也

② 澹林담림

집해 서광이 말했다. "담澹은 다른 판본에는 '첨襜'으로 되어 있다."

徐廣曰 澹 一作襜

색은 澹의 발음은 '잠[丁甘反]'이다. 어떤 판본에는 '첨함襜檻'으로 되어 있다.

澹 丁甘反 一本作襜檻

③ 幾기

색은 幾의 발음은 '기祈'이다.

幾音祈

④ 倡창

색은 살펴보니 《열녀전》에서 말한다. "한단의 창기이다."

按 列女傳云 邯鄲之倡

정의 조趙나라 유왕幽王의 어머니는 음악을 하는 집안의 딸이다.

趙幽王母 樂家之女也

⑤ 郭開곽개

색은 살펴보니 곽개는 조나라 총신寵臣이다. 《전국책》에서 말한다. "진秦나라에서 곽개에게 많은 금을 주고 반간계를 쓰도록 했다."

按 開是趙之寵臣 戰國策云秦多與開金 使爲反間

⑥ 顔聚안취

[색은] 聚의 발음은 '슈[似喻反]'이다. 《한서》에는 '취冣'로 되어 있다. 본래 제나라 장수이다.

聚音似喻反 漢書作冣 本齊將也

[정의] 聚의 발음은 '쥬[絕庚反]'이다.

絕庚反

⑦ 魏尙위상

[집해] 《한서》에서 말한다. "위상은 괴리槐里 사람이다."

漢書曰 尙 槐里人也

[정의] 운중군의 옛 성은 승주 유림현 동북쪽 30리에 있다.

雲中郡故城在勝州榆林縣東北三十里

⑧ 私養錢사양전

[집해] 복건이 말했다. "개인 곳간에서 돈을 꾼 것이다."

服虔曰 私廩假錢

[색은] 살펴보니 《한서》에서 말한다. "시장 점포의 조세 수입으로 사사로이 봉양한 것이다." 복건이 말하기를 "개인 곳간에서 돈을 빌린 것이다."라고 한 것이 이것이다. 어떤 이는 관청에서 별도의 녹봉을 공급한 것이라고 했다.

按 漢書市肆租稅之入爲私奉養 服虔曰 私廩假錢是也 或云官所別廩給也

⑨ 椎추

[색은] 椎의 발음은 '주[直追反]'이고, 격격擊(치다)이다.

椎音直追反 擊也

대저 사졸들은 모두 평민의 아들[1]로 농사를 짓는 속에서 일어나 군대에 종사하는데 그들이 어찌 척적尺籍과 오부伍符[2]를 알겠습니까? 종일토록 힘써 싸우고 적의 머리를 베고 포로를 잡으면 공로를 장군의 막부에 올리는데[3] 한 마디라도 서로 호응하지 않게 되면[4] 문서를 담당한 관리가 법으로 처리합니다. 상은 행해지지 않지만 관리는 법을 받들어 반드시 적용합니다.

신臣의 어리석음으로 생각해보면, 폐하의 법은 너무 밝고 상은 너무 가벼우며 벌은 너무 무겁습니다. 또 운중태수 위상이 주상에게 공로를 보고했으나, 수급 6개가 차이가 난다고 연좌시켜 폐하께서는 관리에게 내려 치죄하게 하고 그의 작위를 깎고 처벌했습니다. 이러한 것으로 말미암아 폐하께서는 비록 염파나 이목과 같은 장군을 얻더라도 능히 등용하지 못할 것[5]이라고 말씀을 드린 것입니다. 신이 진실로 어리석어 꺼리고 숨겨야 하는 것에 저촉되어 죽을죄가 되었으니 죽어 마땅합니다."

夫士卒盡家人子[1] 起田中從軍 安知尺籍伍符[2] 終日力戰 斬首捕虜 上功莫府[3] 一言不相應[4] 文吏以法繩之 其賞不行而吏奉法必用 臣愚 以爲陛下法太明 賞太輕 罰太重 且雲中守魏尙坐上功首虜差六級 陛下下之吏 削其爵 罰作之 由此言之 陛下雖得廉頗李牧 弗能用也[5] 臣誠愚 觸忌諱 死罪死罪

① 家人子가인자

[색은] 살펴보니 서인 집안의 아들을 이른다.

按 謂庶人之家子也

② 尺籍伍符척적오부

[집해] 여순이 말했다. "한나라 군법에는 이졸吏卒을 참수하게 되면 한 자 되는 널빤지 문서에 적어 현縣에 내려주고, 군郡을 옮겨서 그 사람에게 고향으로 가게하고 2년 동안 노역을 징발하시 않도록 했다. 오부伍符는 또한 10가家나 5가家의 부절로 생활 준칙을 요약한 것이다." 어떤 이는 한 자 되는 대나무 조각에 쓴 글이므로 척적尺籍이라고 했다고 한다.

如淳曰 漢軍法曰吏卒斬首 以尺籍書下縣 移郡令人故行 不行奪勞二歲 五符亦什伍之符 約節度也 或曰以尺簡書 故曰尺籍也

[색은] 살펴보니 척적尺籍은 그 참수한 공을 한 자의 널빤지에 기록하는 것을 이른다. 오부伍符는 군인에게 5명씩 편성하도록 명하고 서로 보증해 간사한 짓을 용납하지 못하도록 한 것이다. "고행불행故行不行"을 주석했는데 살펴보니 고용해서 사람에게 명하여 행하게 하고서 자신이 스스로 행하지 못하면 2년의 노역에 징발한다고 이른 것이다. '고故'와 '고雇'는 동일하다.

按 尺籍者 謂書其斬首之功於一尺之板 伍符者 命軍人伍伍相保 不容姦詐 注故行不行 案 謂故命人行而身不自行 奪勞二歲也 故與雇同

③ 上功莫府상공막부

[색은] 살펴보니 막莫의 훈訓은 '크다'이다. 또 최호가 말했다. "옛날에 정벌을 나가면 일정하게 거처할 곳이 없어 천막으로써 부사府舍를 만들

었다. 이 때문에 막부莫府라고 이른다." '막莫'은 마땅히 '막幕' 자가 되는
데 옛 글자 수가 적었을 뿐이다.
按 莫訓大也 又崔浩云 古者出征無常處 以幕爲府舍 故云莫府 莫當爲幕 古字
少耳

④ 一言不相應일언불상응
[색은] 應의 발음은 '응[乙陵反]'이며 숫자가 같지 않음을 이른다.
音乙陵反 謂數不同也

⑤ 弗能用也불능용야
[집해] 반고가 일컬었다. "양자楊子가 이르기를 '효문제가 친히 황제의
존엄한 것을 굽히고 주아부의 군대를 신뢰하였는데 어찌 능히 염파나
이목을 등용하지 못했겠는가? 그가 장차 격동함이 있을 것이다.'라고
했다."
班固稱 楊子曰孝文帝親詘帝尊以信亞夫之軍 曷爲不能用頗牧 彼將有激

> 문제가 기뻐했다. 이날 풍당을 명해서 절부를 가지고 위상을 사
> 면하게 하고 다시 운중태수로 삼았으며, 풍당을 제수해서 기거도
> 위로 삼아 중위中尉와 군국의 거사車士①들을 주관하게 했다.
> 7년 뒤에 경제가 즉위해 풍당을 초나라 재상으로 삼았는데 면직되
> 었다. 무제가 즉위해서 현량賢良을 찾았는데 풍당이 추천되었다.
> 풍당은 당시 90여 세여서 다시 관리가 되지 못했다. 이에 풍당의

아들 풍수馮遂가 낭郎이 되었다. 풍수의 자는 왕손王孫이며 또한 기묘한 선비인데 나(사마천)와 잘 지냈다.

文帝說 是日令馮唐持節赦魏尙 復以爲雲中守 而拜唐爲車騎都尉 主中
尉及郡國車士^① 七年 景帝立 以唐爲楚相 免 武帝立 求賢良 擧馮唐 唐
時年九十餘 不能復爲官 乃以唐子馮遂爲郎 遂字王孫 亦奇士 與余善

① 車士거사

집해 복건이 말했다. "전차로 싸우는 군사이다."

服虔曰 車戰之士

태사공은 말한다.

장석지를 장자長者라고 말하는 것은 법을 지켜서 군주의 뜻에 아부하지 않았기 때문이다. 풍당의 장수將率에 대한 논의는 의미가 있고, 의미가 있는 것이었다. 《논어》에는 '그 사람을 알지 못하거든 그의 친구를 살핀다.'라고 했다. 장석지와 풍당을 칭송한 것들은 조정에 기록해 둘 만한 것이다. 《상서》〈주서 홍범洪範〉에 이르기를 '치우치고 편드는 일이 없어야 왕의 길은 평탄할 수 있으며, 치우치고 편드는 일이 없어야 왕의 길은 평온할 수 있다.^①'라고 했다. 이에 장석지와 풍당이 (이러한 태도를) 가까이했다 할 것이다.

太史公曰 張季之言長者 守法不阿意 馮公之論將率 有味哉 有味哉 語
曰 不知其人 視其友 二君之所稱誦 可著廊廟 書曰 不偏不黨 王道蕩蕩
不黨不偏 王道便便^① 張季馮公近之矣

① 便便_{편편}

[집해] 서광이 말했다. "다른 판본에는 '변辨'으로 되어 있다."

徐廣曰 一作辨

[색은술찬] 사마정이 펼쳐서 밝히다.

장계는 만나지 못했어도 그를 알아본 이가 원앙이다. 태자는 법을 두려
워했고 색부는 공적이 없었다. 황제의 말을 놀라게 해 벌금을 내고 장릉
의 가락지를 훔친 일은 황제를 일깨웠다. 풍당은 연로한데도 맛깔스럽게
장군을 논했구나! 이로써 이제를 마주하고 위상에게 공을 거두게 했다.

張季未偶 見識袁盎 太子懼法 嗇夫無狀 驚馬罰金 盜環悟上 馮公白首 味哉論
將 因對李齊 收功魏尚

사기 제103권 史記卷一百三

만석장숙열전 萬石張叔列傳

사기 제103권 만석장숙열전 제43

史記卷一百三 萬石張叔列傳第四十三

신주 이 열전은 만석군萬石君 석분石奮 일가를 비롯해서 건릉후建陵侯 위관衛綰, 새후塞侯 직불의直不疑, 낭중령郎中令 주문周文, 어사대부 장숙 張叔 등에 대한 이야기를 하나로 묶은 것이다. 위 다섯 사람은 전한 때 사람들로서 공손하고 성실하며 언행에 신중하여서 특별한 재능은 없었으나 덕망이 있는 사람들로 평가되었다.

만석군 석분은 전한前漢 하내군河內郡 온현溫縣 사람이다. 고조高祖와 경제景帝 때 대부大夫를 지냈다. 학식은 없었지만 공손하고 근면하였다. 고조가 그의 누이를 미인美人으로 삼고 석분을 중연中涓으로 삼았다. 문제文帝 때 태중대부太中大夫에 올랐으며 경제가 즉위하자 구경九卿의 반열에 올라 2,000석이 되었다. 그와 네 아들이 모두 지위와 이름이 함께 높아 받는 녹이 만석에 이르러 만석군이라 불렀다. 경제 재위 말년에 상대부 上大夫의 녹을 받고 연로하여 집에서 노후를 보냈다.

건릉후建陵侯 위관衛綰은 대代의 대릉大陵 사람이다. 위관은 수레 위에서 하는 곡예로써 낭관郎官이 되어 문제를 섬겼다. 사람됨이 충후忠厚하고 언행에 신중하였지만 다른 재능은 없었다. 경제景帝 때 하간왕河間王의 태부太傅를 지냈으며, 오吳, 초楚 칠국의 난 때 하간의 군사로 참전하여 그 공로로 중위中尉가 되었고 이후 건릉후에 봉하였다. 후에 교동왕膠東王의 태자대부太子大傅가 되었고 그후 어사대부御史大夫와 승상丞相이 되었다.

새후塞侯 직불의直不疑는 남양南陽 사람으로 낭관郎官이 되어 문제를 섬겼다. 그와 같이 방을 쓰던 낭관이 황금을 잃어버린 사건이 있었는데 자신을 의심하자 황금을 사서 돌려주었다. 그 후 직불의는 덕망이 있는 사람으로 칭송을 받았다. 후에 문제 때 태중대부가 되었으며, 경제 때 오, 초 칠국의 난이 발생하자 군대를 이끌고 참전하여 평정 후 어사대부御史大夫에 임명되었고 새후塞侯에 봉해졌다.

낭중령郎中令 주문周文은 의술로 황제를 알현하였다. 문제 때 태중대부가 되었다. 경제가 즉위하자 낭중령郎中令이 되었다. 주문은 사람됨이 성실하고 신중하여 다른 사람의 말을 누설하지 않았으며 남을 헐뜯지 않았다. 무제 때 병으로 면직하여 고향으로 돌아가 노후를 보냈다.

어사대부 장숙張叔은 이름은 구歐다. 형명학刑名學을 연구하였다. 경제 때 구경九卿이 되었으며, 무제武帝 때 어사대부가 되었다. 관리가 된 이후에 남을 처벌해야 된다는 말을 하지 않았으며, 성실하고 충후한 태도를 보여 소관들이 모두 덕망이 깊은 사람이라고 평하였다. 후에 늙어 상대부上大夫로 노후를 보냈다.

만석군 가문

만석군萬石君^①의 이름은 분奮인데, 그의 아버지는 조趙나라^② 사람이며 성姓은 석씨石氏이다. 조나라가 망하자 이사해서 온溫 땅^③에 살았다.

고조가 동쪽으로 항적項籍을 공격하고 하내河內를 지날 때 당시 석분의 나이는 15세였는데, 이때 소리小吏가 되어서 고조를 모셨다. 고조는 함께 말을 해보고 석분이 공손하고 공경하는 것을 사랑스럽게 여기고 물었다.

"집에 누가 있느냐?"

석분이 대답했다.

"저에게는 홀어머니가 있는데 불행히도 앞을 보지 못합니다. 집안도 가난합니다. 누이가 있는데 거문고를 잘 탑니다."

고조가 말했다.

"너는 나를 따르겠느냐?"

석분이 말했다.

"있는 힘을 다하고자 합니다."

萬石君^①名奮 其父趙^②人也 姓石氏 趙亡 徙居溫^③ 高祖東擊項籍 過河
內 時奮年十五 爲小吏 侍高祖 高祖與語 愛其恭敬 問曰 若何有 對曰
奮獨有母 不幸失明 家貧 有姊 能鼓琴 高祖曰 若能從我乎 曰 願盡力

① 萬石君만석군

정의 아버지와 네 아들이 모두 2,000석 녹봉 관리에 이르렀다. 그러므
로 석분의 호칭을 만석군이라고 했다.

以父及四子皆二千石 故號奮爲萬石君

② 趙조

정의 명주는 한단이며 본래 조趙나라 국도였다.

洺州邯鄲本趙國都

③ 溫온

정의 옛 온성은 회주 온현 30리에 있고, 한나라에 현이 있었다.

故溫城在懷州溫縣三十里 漢縣在也

이에 고조는 그의 누이를 불러 미인으로 삼고 석분을 중연中涓^①
으로 삼아 명첩^②쓰는 것을 담당하게 했다. 또 그의 집안을 장안
長安 안의 척리戚里^③로 옮기게 했다. 그의 누이가 미인이 되었기
때문이었다.

석분의 관직은 효문제 때에 이르러 공로가 쌓여 태중대부太中大夫
에 이르렀다. 문학은 없었어도 공손하고 삼가는 것은 석분과 비교
할 자가 없었다.

문제 때 동양후東陽侯 장상여張相如는 태자태부가 되었다가 면직
되었다. 태부가 될 만한 인물을 선발하는데 모두 석분을 추천하
자 석분이 태자태부가 되었다.

효경제가 즉위함에 이르러 석분은 구경九卿이 되었다. 경제는 석
분이 너무나 예의를 차리어 가까이하기를 꺼렸다.[④] 자리를 옮기
어 제후의 재상이 되었다.

於是高祖召其姊爲美人 以奮爲中涓[①]受書謁[②] 徙其家長安中戚里[③] 以
姊爲美人故也 其官至孝文時 積功勞至太中大夫 無文學 恭謹無與比
文帝時 東陽侯張相如爲太子太傅 免 選可爲傅者 皆推奮 奮爲太子太
傅 及孝景卽位 以爲九卿 迫近 憚之[④] 徙奮爲諸侯相

① 中涓중연

정의 안사고가 말했다. "중연中涓은 관직 이름이다. 궁 안에 거처하며
청결하게 하는 직분이다." 여순이 말했다. "명첩名帖(명함)을 통해 출입하
는 데 명하는 것을 주관한다."

顏師古云 中涓 官名 居中而涓絜也 如淳云 主通書謁出入命也

② 書謁서알

신주 명함을 말한다.

③ 戚里척리

|색은| 안사고가 말했다. "주상에게 인척姻戚인 자가 모두 그곳에 살고 있어, 이 때문에 그 마을을 척리戚里라고 이름 했다." 《장안기長安記》에 척리戚里는 성안에 있다고 했다.

小顔云 於上有姻戚者皆居之 故名其里爲戚里 長安記戚里在城內

④ 憚之탄지

|집해| 장안이 말했다. "그 공경하는 것으로써 법도를 이행하기 때문에 어렵게 여기는 것이다."

張晏曰 以其恭敬履度 故難之

석분의 맏아들은 건建이고 다음 아들은 갑甲이고 다음 아들은 을乙[①]이고 다음 아들은 경慶이다. 모두 착한[②] 행동과 효도하고 근신하여 관직이 모두 2,000석 녹봉에 이르렀다. 이에 경제景帝가 말했다.

"석군石君과 네 아들이 모두 2,000석에 이르렀으니 사람의 신하로 서 존경과 총애가 그의 집안에 모였다."

석분을 불러 만석군萬石君이라고 했다.

효경제 말년에 만석군은 상대부上大夫의 녹봉이었으나 늙어서 벼 슬을 바치고 집에 있었지만 해마다 때가 되면 조회하는 신하가 되 었다. 조회하러 궁중에 들어갈 때 만석군은 반드시 수레에서 내려 달려갔고, 천자의 수레를 끄는 말을 보면 반드시 의식을 치렀다.

자손들이 말단 관리가 되어 고향으로 돌아와 배알하게 되면 만
석군은 반드시 조복을 입고 만나보고 이름을 부르지 않았다. 자
손들이 과실이 있게 되면 꾸짖거나 나무라지③ 않고 불편하게 앉
은 상태에서④ 밥상을 마주하고도 식사를 하지 않았다. 그러한
연후에 여러 아들이 서로를 꾸짖고 이로 인하여 (아들 가운데) 연장
자가 한쪽 어깨를 드러내고 진실로 사죄하고 고치면 비로소 받
아들였다.

奮長子建 次子甲 次子乙① 次子慶 皆以馴②行孝謹 官皆至二千石 於是
景帝曰 石君及四子皆二千石 人臣尊寵乃集其門 號奮爲萬石君 孝景
帝季年 萬石君以上大夫祿歸老于家 以歲時爲朝臣 過宮門闕 萬石君
必下車趨 見路馬必式焉 子孫爲小吏 來歸謁 萬石君必朝服見之 不名
子孫有過失 不誰讓③ 爲便坐④ 對案不食 然后諸子相責 因長老肉袒固
謝罪 改之 乃許

① 乙을

집해 서광이 말했다. "다른 판본에는 '인仁'으로 되어 있다."

徐廣曰 一作仁

정의 안사고가 말했다. "역사에서 그의 이름을 잃은 것이다. 그러므로
갑을甲乙이라고 한 것일 뿐 그의 이름은 아닐 것이다."

顏師古云 史失其名 故云甲乙耳 非其名也

② 馴순

집해 서광이 말했다. "순馴은 다른 판본에는 '훈訓'으로 되어 있다."

徐廣曰 馴 一作訓

색은 馴 발음은 '순巡'이다.

馴音巡

③ 譙讓초양

색은 앞 글자 譙의 발음은 '조[才笑反]'이다. 초양譙讓은 책양責讓(책망하고 힐문하다)이다.

上才笑反 譙讓 責讓

④ 爲便坐위변좌

색은 앞에 爲의 발음은 '위[于僞反]'이다. 뒤에 便의 발음은 '변[婢緜反]'이다. 대개 정실正室에 거처하지 않고 별도로 다른 곳에 앉아 있는 것을 이른다. 그러므로 변좌便坐라고 했다. 坐는 통상적인 음으로 읽는다. 변좌便坐는 정실에 앉아 있는 것이 아니다. 그러므로 왕자王者가 거처하는 곳 중에 편전便殿, 편방便房이 있는데, 뜻이 또한 그러한 뜻이다. 便의 발음은 '변[婢見反]'과 또한 통한다.

上于僞反 下便音婢緜反 蓋謂爲之不處正室 別坐他處 故曰便坐 坐音如字 便坐 非正坐處也 故王者所居有便殿便房 義亦然也 音婢見反 亦通也

자손 가운데 관을 쓴 자가 곁에 있게 되면 비록 한가한[1] 때라도 반드시 관을 쓰고 삼가는 듯이 했다. 노복들도 화기애애하고 공손한[2] 듯이 할 뿐만 아니라[3] 조심스럽게 행동했다.

황제가 때때로 집안에 식사를 내리면 반드시 머리를 조아리며 엎
드려 식사를 하는데 황제가 앞에 있는 듯이 했다. 그가 상사喪事
를 집행할 때는 슬퍼하고 매우 애도했다. 자손들도 가르침을 따
라 또한 만석군과 같이 했다.

만석군의 집안은 효도와 조신한 것으로 군국郡國에 알려졌다.
비록 제나라나 노나라 여러 유생의 본질적인 행실이라도 모두가
스스로 만석군의 집안에는 미치지 못한다고 생각했다.

子孫勝冠者在側 雖燕[1]居必冠 申申如也 僮僕訢訢[2]如也 唯[3]謹 上
時賜食於家 必稽首俯伏而食之 如在上前 其執喪 哀戚甚悼 子孫遵
敎 亦如之 萬石君家以孝謹聞乎郡國 雖齊魯諸儒質行 皆自以爲不
及也

① 燕연

색은 연燕은 한가한 때를 이른다. 연燕은 안安(편안하다)이다.

燕謂閑燕之時 燕 安也

② 訢訢흔흔

집해 진작은 말했다. "흔訢은 허신許愼이 옛날의 '흔欣'자라고 했다."
위소는 말했다. "흔흔訢訢은 소리가 화락한 모양이다."

晉灼曰 訢 許愼曰古欣字 韋昭曰 聲和貌

③ 唯유

신주 '뿐만 아니다.'라는 뜻이다.

경제 건원建元 2년에 낭중령郎中令^① 왕장王臧이 문학으로 죄를 얻었다. 당시 황태후皇太后(두태후)는 생각하기를 유생儒生들이란 문채文彩만 많고 본질적인 것은 적은데, 지금 만석군의 집안은 말없이 몸소 실천한다고 여겨 이에 장자 건建을 낭중령으로 삼고 막내아들 경慶을 내사內史^②로 삼았다.

석건은 늙어서 머리가 백발이었는데도 만석군은 오히려 아무 탈이 없이 정정했다. 석건이 낭중령이 되어 5일마다 목욕하는 휴가^③를 얻어 고향으로 돌아와 아버지에게 문안을 올렸다. 이에 자식이 머무는 방 안으로 들어가^④ 몰래 하인들을 시켜서 아버지의 속옷과 변기를 가지고 오도록 해 자신이 직접 세탁하고^⑤ 다시 하인들에게 건네주며 감히 만석군에게 알지 못하도록 하는 것을 일상적인 일로 삼았다.

석건이 낭중령이 되어 일하면서 말할 만한 것이 있으면 사람을 물리치고 거리낌 없이 말하면서도 지극히 간절했다. 조정에서 배알함에 이르러서는 말을 잘하지 못하는 사람처럼 했다. 이 때문에 주상이 친히 존대하고 예우했다.

建元二年 郎中令^①王臧以文學獲罪 皇太后以爲儒者文多質少 今萬石君家不言而躬行 乃以長子建爲郎中令 少子慶爲內史^② 建老白首 萬石君尙無恙 建爲郎中令 每五日洗沐^③歸謁親 入子舍^④ 竊問侍者 取親中帬厠牏^⑤ 身自浣滌 復與侍者 不敢令萬石君知 以爲常 建爲郎中令 事有可言 屛人恣言 極切 至廷見 如不能言者 是以上乃親尊禮之

① 郎中令낭중령

정의 《한서》〈백관표〉에서 말한다. "낭중령郎中令은 진秦나라 관직이며 궁전문호宮殿門戶의 거처를 관장한다. 무제 태초 원년에 이름을 고쳐 광록훈光祿勳이라고 했다."

百官表云郎中令秦官 掌居宮殿門戶 武帝太初元年更名光祿勳也

② 內史내사

정의 《한서》〈백관표〉에서 말한다. "내사內史는 주나라 관직인데 진나라에서 그대로 따랐으며 경사京師의 다스림을 관장했다. 경제景帝가 나누어 좌내사左內史를 두었다. 무제 태초 원년에 고쳐 경조윤京兆尹이라고 이름했다. 좌내사는 풍익馮翊으로 이름했다."

百官表云內史 周官 秦因之 掌治京師 景帝分置左內史 武帝太初元年 更名京兆尹 左內史名左馮翊也

③ 五日洗沐오일세목

집해 문영이 말했다. "낭郎은 5일에 한 번 (목욕의 명을) 내린다."

文穎曰 郎五日一下

정의 공문상이 말했다. "석건石建이 낭중령이 된 것은 곧 광록훈이고 구경九卿의 직책이다. 곧 5일에 한 번 (목욕의) 명이 내린다." 살펴보니 5일에 한 번 내리는 것은 곧 세목洗沐이다.

孔文祥云 建爲郎中令 卽光祿勳 九卿之職也 直五日一下也 按 五日一下直洗沐

④ 入子舍입자사

색은 살펴보니 유씨는 소방小房의 안이니 정당正堂이 아니라고 하였다.

안사고는 여러 아들이 머무는 곳으로 지금의 제방諸房과 같은 것이라고 생각했다.

案 劉氏謂小房內 非正堂也 小顔以爲諸子之舍 若今諸房也

⑤ 親中帬廁牏친중군측투

집해 서광이 말했다. "투牏는 담을 쌓는데 쓰이는 짧은 널빤지이다. 牏의 발음은 '주住'이다. 측투廁牏는 측혼廁溷(뒷간)의 틀로 석건이 그 곁에 숨겨서 세탁하는 것을 이른다. 牏는 '두竇'로도 읽는다. 석건이 또 스스로 측두廁竇(변기)를 씻는다는 말이다. 측두廁竇는 더러운 것을 쏟아 없애는 구멍이다." 여정이 말했다. "위두槭窬는 설기褻器(변기)이고 '위두威豆'로 발음한다." 살펴보니 소림이 말했다. "牏의 발음은 '투投'이다. 가규는 주관周官을 해석해서 위槭는 호자虎子(변기)라고 했다. 두窬는 행청行淸이다." 맹강이 말했다. "측廁은 행청行淸이다. 두窬는 중앙에 변을 받는 함이다. 동남의 사람들은 나무의 속을 파내어 조曹(구유)와 같이 만든 것을 두窬라고 이른다." 진작이 말했다. "지금의 세상에는 옷깃을 등 뒤에서 여미게 지은 속옷인 소수삼小袖衫(팬티)을 '후두侯窬'라고 하며, 이것이 가장 측廁(항문)에 가까이한 몸의 옷이다."

徐廣曰 牏 築垣短板也 音住 廁牏謂廁溷垣牆 建隱於其側浣滌也 一讀牏爲竇 竇音豆 言建又自洗蕩廁竇 廁竇 瀉除穢惡之穴也 呂靜曰 槭窬 褻器也 音威豆 駰案 蘇林曰 牏音投 賈逵解周官 槭 虎子也 窬 行淸也 孟康曰 廁 行淸 窬 行中受糞者也 東南人謂鑿木空中如曹謂之窬 晉灼曰 今世謂反閉小袖衫爲侯窬(廁) 此最廁近身之衣也

색은 살펴보니 친親은 아버지를 이른다. 중군中帬은 몸에 가까이하는 옷이다. 소림이 말했다. "牏의 발음은 '투投' 또는 '두豆'이다." 맹강이 말했다. "측廁은 행청行淸이다. 투牏는 행청 중앙에 변을 받는 함이다. 석건이 또 스스로 변기를 세척했다는 말이다. 두竇는 더러운 것을 씻어 없애는 구멍이다." 또 진작이 말했다. "지금 세상에서 옷깃을 등 뒤에서 여미게 지은 속옷인 소수삼小袖衫을 일러 '후투侯牏'라고 하며, 이것이 가장 측廁에 가까이하는 신체의 옷이다." 서광이 말했다. "투牏는 짧은 널빤지이고 측간의 담을 쌓는 것이다." 그 뜻 중 어느 것을 따라야 하는지는 알지 못하겠으나 아마도 잘못된 것이리라.

案 親謂父也 中帬 近身衣也 蘇林曰 牏音投 又音豆 孟康曰 廁 行淸 牏 行淸中 受糞函也 言建又自洗滌廁竇 竇者 洗除穢汙之穴也 又晉灼云 今世謂反閉小袖 衫爲侯牏 此最廁近身之衣 而徐廣云 牏 短板 以築廁牆 未知其義何從 恐非也

신주 측투廁牏는 가지고 다닐 수 있는 변기이다.

만석군은 이사해서 능리陵里[1]에서 살았다. 내사內史 석경石慶이 술에 취해 돌아오다가 외문外門으로 들어오면서 수레에서 내리지 않았다. 만석군이 이를 듣고 식사를 하지 않았다. 석경이 두려워하고 한 쪽 어깨를 드러내고[육단肉袒] 죄를 청했는데 받아들이지 않았다. 온갖 종친과 형 석건石建이 육단하고 사죄하자 만석군이 꾸짖어 말했다.

"내사內史는 귀한 신분이다. 마을에 들어오면 마을의 장로들도 다 달아나 숨는데 내사가 수레에 앉아서 태연하게 있는 것이 진실로 당연한 것일 테지."

이에 사죄하자 경慶을 물러가게 했다. 이런 일이 있은 뒤로는

석경과 여러 아들이나 손자들도 마을 어귀의 문에 들어와서는
달려서 집안에 이르렀다.

萬石君徙居陵里^① 內史慶醉歸 入外門不下車 萬石君聞之 不食 慶恐 肉
袒請罪 不許 擧宗及兄建肉袒 萬石君讓曰 內史貴人 入閭里 里中長老
皆走匿 而內史坐車中自如 固當 乃謝罷慶 慶及諸子弟入里門 趨至家

① 陵里능리

집해 서광이 말했다. "능陵은 다른 판본에는 '인鄰'으로 되어 있다."

徐廣曰 陵 一作鄰

색은 안사고는 말했다. "능리陵里는 마을 이름이고 무릉茂陵에 있으니
장안長安의 척리戚里가 아니다."

小顏云 陵里 里名 在茂陵 非長安之戚里也

정의 무릉읍 안에 있는 마을이다. 무릉 고성故城은 한漢나라 무릉현이
고 옹주雍州 시평현始平縣 동북쪽 20리에 있다.

茂陵邑中里也 茂陵故城 漢茂陵縣也 在雍州始平縣東北二十里

만석군은 무제 원삭 5년^① 중에 죽었다. 장자인 낭중령 석건石建
이 곡하고 우는 것이 애처로웠고 사모함이 간절하여 지팡이에 의
지하고 나서야 갈 수 있을 정도였다. 한 해 남짓 되어 석건도 또한
죽었다. 여러 자손이 모두 효도했으나 석건이 가장 심히 효도했으
며 만석군보다 더했다.

석건이 낭중령이 되어서는 글로써 일을 아뢰었는데, 올린 글이 다시 내려지자 석건이 읽어보고 말했다.

"글씨를 잘못 썼구나! 마馬 자②는 꼬리와 함께 다섯에 해당되는데 지금 도리어 4개이니 하나가 부족하구나. 주상께서 꾸짖으신다면 죽어도 마땅하리라."

매우 황공스러워했다. 그의 신중함이 이와 같았고 비록 다른 일이라도 모두 이와 같이했다.

萬石君以元朔五年①中卒 長子郎中令建哭泣哀思 扶杖乃能行 歲餘 建亦死 諸子孫咸孝 然建最甚 甚於萬石君 建爲郎中令 書奏事 事下 建讀之曰 誤書 馬②者與尾當五 今乃四 不足一 上譴死矣 甚惶恐 其爲謹愼雖他皆如是

① 元朔五年_{원삭오년}

신주 서기전 124년이다.

② 馬_마

집해 복건이 말했다. "마馬 자를 쓸 때 아래의 굽어진 획까지 다섯인데, 석건이 당시에 사건을 써서 올린 글씨를 잘못해서 4획으로 쓴 것이다."

服虔曰 作馬字下曲而五 建時上事書誤作四

정의 안사고가 말했다. "마馬 자에서 아래 굽은 것은 꼬리이고 4개의 점은 아울러 4개의 발이 되어 모두 5획이다."

顏師古云 馬字下曲者尾 幷四點爲四足 凡五

만석군의 막내아들 석경石慶이 태복이 되어서 황제를 모시고 밖으로 나가는데 주상이 수레 안에서 수레를 끄는 말이 몇 마리인가를 묻자 석경이 채찍으로 말의 숫자를 다 세고 손을 들어 올려서 말했다.

"여섯 마리입니다."

석경이 여러 아들 가운데 일을 가장 간단하고 쉽게 일하는[①] 자였으나 오히려 이와 같았다.

제나라 재상이 되었는데 온 제나라에서 모두 그의 집안의 행동을 흠모하여 말을 하지 않아도 제나라가 크게 다스려졌다. 제나라에서 (만석군의 집안을 위해) 석상사石相祠를 세웠다.

무제 원수 원년,[②] 주상이 태자를 세우고 모든 신하에서 태부가 될 자를 선발하였는데 석경이 패군沛郡의 태수에서 태자태부가 되었다. 7년 뒤에 옮겨서 어사대부가 되었다.

萬石君少子慶爲太僕 御出 上問車中幾馬 慶以策數馬畢 擧手曰 六馬
慶於諸子中最爲簡易[①]矣 然猶如此 爲齊相 擧齊國皆慕其家行 不言而
齊國大治 爲立石相祠 元狩元年[②] 上立太子 選群臣可爲傅者 慶自沛守
爲太子太傅 七歲遷爲御史大夫

① 簡易간이

정의 《한서》에서 말한다. "석경石慶이 태복太僕이 되어 주상을 모시고 나가는데 주상이 수레 안에서 말이 몇 마리냐고 묻자 석경이 채찍으로 말을 세는 것을 다하고 손을 들어서 '육마六馬'라고 했다." 살펴보니 석경은 형제 가운데 가장 간단하고 쉽게 일을 했다. 그러나 오히려 이와 같았다.

漢書 慶爲大僕 御出 上問車中幾馬 慶以策數馬畢 舉手曰六馬 按 慶於兄弟最
爲簡易矣 然猶如此也

② 元狩元年원수원년
신주 서기전 123년이다.

무제 원정 5년① 가을, 승상 조주趙周는 죄가 있어서 관직에서 파면
되었다.② 무제가 어사에게 조칙을 내렸다.
"만석군은 선제先帝께서 존경했고 자손들은 효도했다. 어사대부
석경을 승상으로 삼고 봉하여 목구후牧丘侯로 삼노라."
이때 한나라는 바야흐로 남쪽으로 양월兩越을 처단하고 동쪽으
로 조선朝鮮을 공격하며, 북쪽으로 흉노를 축출하고 서쪽으로 대
원大宛을 정벌하여 중원에는 일이 많았다. 무제가 천하를 순수하
고 상고시대의 신사神祠를 수리하며 봉선封禪을 하고 예와 악을
일으켰다.
조정에서 재물의 쓰임이 부족해지자 상홍양桑弘羊 등이 이권 사업
을 일으켰으며, 왕온서王溫舒의 무리는 법을 가혹하게 적용했다.
예관兒寬 등이 문학을 추천하여 구경九卿에 이르게 하고, 번갈아
정사를 담당하게 해 나라 일들은 승상이 결제하는 것을 거치지
않았다. 승상은 돈후하고 신중하게 할뿐이었다.
승상의 지위에 있은 지 9년이었으나 능히 국가의 일을 바로잡은
말들이 없었다. 일찍이 주상의 근신近臣인 소충所忠과 구경九卿인

감선咸宣③의 죄를 다스리기를 주청했으나 그들을 복죄시키지 못하고 도리어 죄를 받아 속죄금을 내고 죄를 사면받게 되었다.

元鼎五年①秋 丞相有罪 罷② 制詔御史 萬石君先帝尊之 子孫孝 其以御史大夫慶爲丞相 封爲牧丘侯 是時漢方南誅兩越 東擊朝鮮 北逐匈奴 西伐大宛 中國多事 天子巡狩海內 修上古神祠 封禪 興禮樂 公家用少 桑弘羊等致利 王溫舒之屬峻法 兒寬等推文學至九卿 更進用事 事不關決於丞相 丞相醇謹而已 在位九歲 無能有所匡言 嘗欲請治上近臣所忠九卿咸③宣罪 不能服 反受其過 贖罪

① 元鼎五年원정오년

[신주] 서기전 113년이다.

② 丞相有罪罷승상유죄파

[집해] 조주는 주금酎金에 연좌되어 파면되었다.

趙周坐酎金免

[색은] 《한서》를 살펴보면 알 수 있다.

案漢書而知也

③ 咸감

[집해] 복건이 말했다. "咸의 발음은 '감손減損'의 '감減'이다."

服虔曰 音減損之減

무제 원봉 4년① 중에 관동의 유랑민流浪民이 200만 명에, 무적자無籍者②는 40만 명이었는데 공경들이 의논하여 유랑민들을 변방에 살기 알맞은 곳으로 옮길 것을 주청했다.

무제는 승상이 늙고 신중하여 그와 함께 의논할 수 없다고 여기고, 이에 승상에게는 휴가를 내려 고향으로 가게하고 어사대부 이하의 신하에게 의논하여 주청한 것들을 검토하게 했다. 승상이 자신의 직분을 감당하지 못하는 것을 부끄럽게 여기고 이에 글을 올려 말했다.

"석경이 요행히도 승상이 되었으나 고달프고 노쇠하여 다스림을 도울 수 없었습니다. 성곽이나 창고가 텅 비어 백성 중에 유랑자가 많아졌습니다. 죄는 부질斧質③에 엎어져야 마땅하지만, 주상께서는 차마 법에 이르게 하지 않았습니다. 원하옵건대 승상의 인수를 돌려보내 관직을 사퇴하고 고향에 돌아가④ 어진 이에게 길을 피해 주겠습니다."

元封四年①中 關東流民二百萬口 無名數者②四十萬 公卿議欲請徙流民於邊以適之 上以爲丞相老謹 不能與其議 乃賜丞相告歸 而案御史大夫以下議爲請者 丞相慙不任職 乃上書曰 慶幸得待罪丞相 罷駑無以輔治 城郭倉庫空虛 民多流亡 罪當伏斧質③ 上不忍致法 願歸丞相侯印 乞骸骨歸④ 避賢者路

① 元封四年원봉사년

신주 서기전 107년이다.

② 無名數者무명수자

<u>색은</u> 살펴보니 안사고가 말했다. "무명수無名數는 지금의 호적戶籍이 없는 자와 같다."

案 小顔云 無名數 若今之無戶籍

③ 斧質부질

<u>신주</u> 죄인을 죽이는 데 쓰이는 도끼와 쇠모루라는 뜻으로 사형死刑을 이르는 말이다. 부질鈇鑕이라고도 적는다.

④ 乞骸骨歸걸해골귀

<u>신주</u> 해골을 돌려달라는 뜻으로 늙은 재상이나 신하가 나이 등을 이유로 벼슬에서 물러날 것을 임금에게 청원하는 일을 이르는 말이다.

무제가 말했다.

"창고는 이미 비었고 백성은 가난해져 유랑하는데, 그대가 유랑 민들을 변방으로 옮기자고 주청하여 불안하게 흔들어 놓았다. 이에 흔들려 위태한데 직위를 사양하면 그대는 어디로 이 난제①를 돌리려고 하는 것인가?"

서신으로 석경을 꾸짖자 석경이 매우 부끄러워하고 드디어 다시 일을 살폈다. 석경은 문장에 깊이 주의를 하고 살피는 것을 신중하게 했다. 그러나 다른 큰 계책으로 백성을 위하는 말은 없었다.

3년 남짓 뒤인 무제 태초 2년^② 중에 승상 석경이 죽었는데, 시호를 염후恬侯라고 했다. 석경의 가운데 아들 덕德을 석경이 사랑해서 무제가 석덕을 후사로 삼아서 후작을 대신하게 했다. 석덕은 뒤에 태상太常이 되었으나 법에 걸려 죽음에 해당하므로 속죄금을 내어 사형을 면하고 서인이 되었다.

석경이 바야흐로 승상이 되었을 때는 여러 아들과 자손들이 관리가 되어 번갈아 2,000석의 녹봉에 이르는 자가 13명이나 되었다. 석경이 죽은 뒤로는 자손들이 점점 죄를 지어 물러나고 효도와 근신하는 가풍도 더욱 쇠퇴해갔다.

天子曰 倉廩旣空 民貧流亡 而君欲請徙之 搖蕩不安 動危之 而辭位 君欲安歸難^①乎 以書讓慶 慶甚憄 遂復視事 慶文深審謹 然無他大略 爲百姓言 後三歲餘 太初二年^②中 丞相慶卒 謚爲恬侯 慶中子德 慶愛用之 上以德爲嗣 代侯 後爲太常 坐法當死 贖免爲庶人 慶方爲丞相 諸子孫爲吏更至二千石者十三人 及慶死後 稍以罪去 孝謹益衰矣

① 難난

색은 難의 발음은 '난[乃彈反]'이다. 어려움을 어떤 사람에게 돌아가게 하고자 하는 것인가를 말한 것이다.

難音乃彈反 言欲歸於何人

② 太初二年태초이년

신주 서기전 103년이다.

경제의 중신들

건릉후建陵侯^① 위관衛綰은 대代 땅의 대릉大陵^② 사람이다. 위관은 수레에서 재주 부리는 것^③을 잘해서 낭郎이 되었고 문제를 섬겼다. 공로가 있어서 차차 승진하여 중랑장中郎將이 되었는데, 돈후敦厚하고 신중했으나 특별한 장기는 없었다.

효경제가 태자가 되었을 때 문제는 좌우를 불러 술자리를 만들었는데 위관이 병을 핑계대고^④ 참석하지 않았다. 문제가 또 죽을 때 효경제에게 부탁해 말했다.

"위관은 장자이다. 잘 대우하라."

建陵侯^①衛綰者 代大陵^②人也 綰以戲車^③爲郎 事文帝 功次遷爲中郎將 醇謹無他 孝景爲太子時 召上左右飮 而綰稱病不行^④ 文帝且崩時 屬孝景曰 綰長者 善遇之

① 建陵건릉

정의 《괄지지》에서 말한다. "한漢나라 건릉현의 옛 성은 기주 승현의 영역에 있다."

括地志云 漢建陵縣故城在沂州丞縣界也

② 大陵대릉

[색은] 〈지리지〉에 현 이름이고 대代에 있다고 했다.

地理志縣名 在代

[정의] 《괄지지》에서 말한다. "대릉현성은 병주幷州 문수현文水縣 북쪽 12리에 있다." 살펴보니 대왕代王 장이張耳 때 중도中都에 도읍하였는데 대릉이 그곳에 속했다. 그러므로 대代의 대릉 사람이라고 말했다.

括地志云 大陵縣城在幷州文水縣北十二里 按 代王耳時都中都 大陵屬焉 故言 代大陵人也

③ 戲車희거

[집해] 응소가 말했다. "좌우에서 수레에 뛰어오르는 것에 능한 것이다." 여순이 말했다. "수레의 굴대 끝을 밟고 뛰어넘는 유형이다."

應劭曰 能左右超乘也 如淳曰 櫟機轊之類

[색은] 살펴보니 응소가 말했다. "좌우에서 수레에 뛰어오르는 것에 능한 것이다." 살펴보니 지금 또한 수레에서 재주를 부리는 장난이다. 櫟의 발음은 '역歷'이다. 역櫟은 초유超踰를 이른다. 轊의 발음은 '위衛'이고 수레 굴대의 끝을 이른다.

按 應劭云能左右超乘 案 今亦有弄車之戲 櫟音歷 謂超踰之也 轊音衞 謂車軸頭也

④ 稱病不行칭병불행

[집해] 장안이 말했다. "문제가 미리 두 마음을 가지고 태자를 섬긴다고 말할까 봐 두려워한 것이다."

張晏曰 恐文帝謂豫有二心以事太子

문제가 붕어하자 경제가 즉위했는데 한 해 남짓 되어서도 위관을 꾸짖거나 부르지도[1] 않았다. 위관은 날마다 조심하며 노력했다. 경제는 상림원上林苑으로 행차하면서 중랑장을 불러 참승參乘하도록 하고 돌아오면서 물어 말했다.

"군君은 참승하도록 한 까닭을 알겠는가?"

위관이 말했다.

"신은 거사車士에서 시작하여 요행히도 공로로써 점차 옮겨서 중랑장이 되었으나 참승하게 된 이유를 알지 못하겠습니다."

경제가 물었다.

"내가 태자가 되었을 때 군君을 불렀는데 군君이 즐겨 오지 않은 것은 무엇 때문인가?"

위관이 대답했다.

"죽을 죄를 지었습니다만 실제로 병이 있었습니다."

경제가 검劍을 하사하니, 위관이 말했다.

"선제께서 신에게 검을 모두 6개나 하사하셨습니다. 죄송하오나 검을 받으라는 조서를 감히 받들지 못하겠습니다."

경제가 말했다.

"검이란 사람들이 쉽게 교환하는 것[2]인데 홀로 지금까지 간직하고 있단 말이오?"

위관이 대답했다.

"모두 그대로 간직하고 있습니다."

경제가 6개의 검을 가져오라고 시켜 가져왔는데 검은 오히려 처음과 같이 빛나고 한 번도 차지 않은 것 같았다.

及文帝崩 景帝立 歲餘不噍呵①綰 綰日以謹力 景帝幸上林 詔中郎將參
乘 還而問曰 君知所以得參乘乎 綰曰 臣從車士幸得以功次遷爲中郎
將 不自知也 上問曰 吾爲太子時召君 君不肯來 何也 對曰 死罪 實病
上賜之劍 綰曰 先帝賜臣劍凡六 劍不敢奉詔 上曰 劍 人之所施易②獨
至今乎 綰曰 具在 上使取六劍 劍尙盛 未嘗服也

① 噍呵초가

[색은] 噍呵의 발음은 '수하誰何'이다. 수하誰何는 차방借訪과 같다. 다른
판본에는 '초가譙呵'로 되어 있다. 초譙는 꾸짖는다는 뜻이니, 화를 내어
위관을 꾸짖지 않았음을 말한다.

誰何二音 誰何猶借訪也 一作譙呵 譙 責讓也 言不嗔責綰也

② 施易이역

[집해] 여순이 말했다. "施의 발음은 '이移'이다. 검劍이란 사람이 좋아
하는 것이다. 그러므로 다수가 쉽게 옮겨서 교환하는 것을 말한다."

如淳曰 施讀曰移 言劍者人之所好 故多數移易貿換之也

[색은] 앞 글자 施의 발음은 '이移'이고, 뒷 글자 易의 발음은 '역亦'이다.

上音移 下音亦

(위관은) 낭관郎官들이 꾸지람을 받는 일이 있게 되면 항상 자신이 죄를 받아들였고 다른 장수들과도 공로를 다투지도 않았다. 공로가 있게 되면 항상 다른 장수들에게 양보했다. 이에 경제는 그가 청렴하고 충성스럽고 진실하여 다른 욕심이 없다고[1] 여기고 이에 위관을 제수해서 하간왕河間王의 태부로 삼았다.

오吳나라와 초楚나라가 반역을 일으키자 위관을 불러서 장군으로 삼아 하간왕의 군사를 인솔하여 오나라와 초나라를 공격하게 해서 공로가 있었다. 이에 제수하여 중위로 삼았다. (중위가 된 지) 3년 만에 군공軍功으로 효경제 전원 6년[2] 중, 위관을 봉해서 건릉후建陵侯로 삼았다.

그다음 해에 경제는 율태자栗太子를 폐하고 율경栗卿[3]의 무리를 처단했다. 이때 경제는 위관을 장자長者로 여겨서 (이 사건을) 차마 처리하지 못할 것을 알고는 위관에게 휴가를 주어 고향으로 돌아가 있게 하고, 질도郅都[4]를 시켜 율씨들을 체포해 치죄하게 했다. 그런 다음 사건이 마무리되자 경제가 교동왕膠東王을 세워 태자로 삼고 위관을 불러 제수해서 태자태부로 삼았다. 한참 지나서 옮겨 어사대부가 되었다.

郎官有譴 常蒙其罪 不與他將爭 有功 常讓他將 上以爲廉 忠實無他腸[1] 乃拜綰爲河間王太傅 吳楚反 詔綰爲將 將河間兵擊吳楚有功 拜爲中尉 三歲 以軍功 孝景前六年[2]中 封綰爲建陵侯 其明年 上廢太子 誅栗卿[3]之屬 上以爲綰長者 不忍 乃賜綰告歸 而使郅都[4]治捕栗氏 既已 上立膠東王爲太子 召綰 拜爲太子太傅 久之 遷爲御史大夫

① 無他腸무타장

[색은] 안사고가 말했다. "심장 안에 다른 악한 마음이 없는 것이다."

小顏云 心腸之內無他惡也

② 孝景前六年효경전육년

[신주] 서기전 151년이다.

③ 栗卿율경

[집해] 소림은 말했다. "율태자의 외삼촌이다." 여순이 말했다. "율씨栗氏의 친속이다. 경卿은 그의 이름이다."

蘇林曰 栗太子舅也 如淳曰 栗氏親屬也 卿 其名也

[색은] 율희의 형제이다. 소림이 말했다. "율태자의 외삼촌이다."

栗姬之兄弟 蘇林云栗太子之舅也

[정의] 안사고가 말했다. "태자가 폐해져 임강왕臨江王이 되었다. 그러므로 그 외가의 친속을 처단한 것이다."

顏師古云 太子廢爲臨江王 故誅其外家親屬也

④ 郅都질도

[신주] 질도郅都(?~서기전 142)는 양현楊縣 사람으로 혹리酷吏 이다. 낭관郎官의 신분으로 문제를 섬겼고, 경제 때 중랑장中郎將이 되었다. 창응蒼鷹으로 불릴 만큼 혹독하게 치죄한 것으로 유명하다. 〈혹리열전〉에 자세히 기록해 놓았다.

5년 만에 도후桃侯 유사劉舍[1]를 대신해서 승상이 되었다. 조정에서 업무를 아뢸 때는 직분에 미치는 것만을 아뢰었다.[2] 그러나 처음 관직에 나아가서 승상에 이르기까지 이렇다 할 만한 내세울 일은 없다.

그러나 천자는 인정이 많다고 여기고 나이 어린 군주를 보좌하는 데 적임자라고 여겼으며, 존경하고 총애하여 상으로 하사한 것들이 매우 많았다. 승상이 된 지 3년 만에 경제가 붕어하고 무제가 즉위했다.

무제 건원建元 연중에 승상은 경제가 질병으로 누워 있을 때 여러 관청에서 죄 없는 사람을 많이 가둔 일에 연좌되어 승상으로 직분을 다하지 못했다고 파직되었다. 그 뒤 위관이 죽고 아들 신信이 대신 후작이 되었다. 신信은 종묘의 제사에 바치는 주금酎金이 적은 것에 연좌되어 후작을 잃었다.

五歲 代桃侯舍[1]爲丞相 朝奏事如職所奏[2] 然自初官以至丞相 終無可言 天子以爲敦厚 可相少主 尊寵之 賞賜甚多 爲丞相三歲 景帝崩 武帝立 建元年中 丞相以景帝疾時諸官囚多坐不辜者 而君不任職 免之 其後綰卒 子信代 坐酎金失侯

① 桃侯舍도후사

[정의] 옛 도성桃城은 위주 조성현 동쪽 30리에 있고 유사劉舍를 봉한 곳이다.

故桃城在渭州酢城縣東三十里 劉舍所封也

② 如職所奏여직소주

[색은] 다만 직분을 지킬 뿐이고 별도로 의논을 아뢰는 바가 있지 않았다는 말이다.

以言但守職分而已 不別有所奏議也

새후塞侯[1] 직불의直不疑[2]는 남양南陽 사람이다. 낭랑이 되어 문제文帝를 섬겼다.

어느 때 그와 함께 숙사를 쓰던 사람이 휴가를 얻어 고향으로 가면서 잘못해서 같은 숙사에 있는 낭랑의 금金을 가지고 떠났다. 이윽고 금의 임자가 자신의 것이 없어진 것을 알고 함부로 직불의를 의심했다.[3] 직불의는 자신이 했다고 사죄하고 변상해 주었다.

휴가에서 돌아온 자가 금을 잃어버렸다는 자에게 돌려주자 지난번 직불의를 의심했던 낭랑이 크게 부끄러워했다. 이 때문에 직불의를 장자라고 일컬었다. 문제도 칭송하고 발탁하여[4] 점차 옮겨서 태중대부太中大夫에 이르렀다.

塞侯[1]直不疑[2]者 南陽人也 爲郞 事文帝 其同舍有告歸 誤持同舍郞金 去 已而金主覺 妄意[3]不疑 不疑謝有之 買金償 而告歸者來而歸金 而前郞亡金者大慙 以此稱爲長者 文帝稱擧[4] 稍遷至太中大夫

① 塞侯새후

[정의] 앞 글자 塞의 발음은 '새[先代反]'이다. 옛 새국塞國은 지금 섬주 도

림현 서쪽에서 동관潼關에 이르는 곳이 모두 도림새의 땅이다.

上音先代反 古塞國 今陝州桃林縣以西至潼關 皆桃林塞地也

② 直不疑직불의

색은　살펴보니 새塞는 나라 이름이니 지금의 도림새이다. 직直은 성이
고 불의不疑는 이름이다. 전불의雋不疑와 자字가 같다.

案 塞 國名 今桃林之塞也 直 姓也 不疑 名也 與雋不疑同字

③ 妄意망의

색은　망령되이 그가 훔쳐 간 것으로 의심했다는 것을 이른다.

謂妄疑其盜取將也

④ 文帝稱擧문제칭거

집해　서광이 말했다. "《한서》에는 '칭위장자稱爲長者 초천지태중대부
稍遷之太中大夫'로 되어 있고 '문제칭거文帝稱擧' 네 글자는 없다."

徐廣曰 漢書云稱爲長者 稍遷至太中大夫 無文帝稱擧四字

조정에서 사람을 만났는데 어떤 사람이 그를 헐뜯어 말했다.
"직불의는 풍채가 매우 아름답지만 유독 그의 형수와 자주 간통[①]
한다는데 어찌해야 하오?"
직불의가 소문을 듣고 말했다.
"내게는 형이 없다."

그러나 끝까지 스스로 변명하지 않았다.

오吳와 초楚 등 7개국이 반란을 일으켰을 때 직불의는 2,000석의 관리로 군사를 인솔하고 공격했다. 경제 후원後元년에 제수되어 어사대부가 되었다. 경제는 오吳와 초楚 등 7개국의 반란 때의 공로를 평가하고 이에 직불의를 봉해서 새후塞侯로 삼았다.

무제 건원建元 연중에 승상 위관과 함께 (경제 때의 옥사에 대한) 잘못으로 면직되었다.[②]

직불의는 노자老子의 학문을 배웠다. 그가 직분에 임하는 바는 전임자가 하는 것과 같이하고 오직 다른 사람이 자신의 관리로서의 행적을 알까 봐 두려워했다. 명예를 세워 칭송받는 것을 좋아하지 않았지만, (다른 사람들은) 장자長者라고 칭송했다. 직불의가 죽자 아들 상여相如가 후작을 대신했다. 손자인 망望이 주금酎金에 연좌되어 후작을 잃었다.[③]

朝廷見 人或毀曰 不疑狀貌甚美 然獨無奈其善盜嫂[①]何也 不疑聞 曰 我乃無兄 然終不自明也 吳楚反時 不疑以二千石將兵擊之 景帝後元年 拜爲御史大夫 天子修吳楚時功 乃封不疑爲塞侯 武帝建元年中 與 丞相綰俱以過免[②] 不疑學老子言 其所臨 爲官如故 唯恐人知其爲吏跡 也 不好立名稱 稱爲長者 不疑卒 子相如代 孫望 坐酎金失侯[③]

① 盜도

[색은] 살펴보니 안사고가 말했다. "도盜는 사私(간통)를 이른다."

案 小顔云盜謂私之

② 與丞相縮俱以過免여승상관구이과면

신주 경제가 병들었을 때 승상 위관과 함께 맡은 일을 바로 수행하지 않았다는 이유로 면직된 사건이다.

③ 坐酎金失侯좌주금실후

색은 《한서》에는 "팽조는 주금에 걸려 봉국이 없어졌다."로 되어 있다. 漢書作彭祖 坐酎金 國除

낭중령郞中令인 주문周文은 이름이 인仁이고, 그의 선조는 본디 임성任城^① 사람이다. 의원으로서 천자를 배알하게 되었다. 경제가 태자가 되었을 때 제수되어 사인舍人이 되었고 공적을 쌓아 점점 옮겨서 효문제 때에 태중대부에 이르렀다. 경제가 처음으로 즉위하자 주인周仁을 제수해서 낭중령郞中令으로 삼았다.

주인周仁의 사람됨이 신중하고 묵직하여 비밀을 누설하지 않았다. 항상 떨어진 옷을 기워 입고 오줌에 젖은 바지를 입었는데,^② 늘 청결하지 않게 한 것이다.^③ 이 때문에 총애를 얻었다.

그는 경제 침실에까지 들어갔으며 후궁後宮들의 비밀스러운 연주^④ 같은 것이 있을 때, 주인은 항상 황제의 곁에 있었다. 경제가 붕어한 뒤에도 주인은 여전히 낭중령으로 있었으나 끝까지 비밀을 말한 바가 없었다.

郞中令周文者 名仁 其先故任城^①人也 以醫見 景帝爲太子時 拜爲舍人 積功稍遷 孝文帝時至太中大夫 景帝初卽位 拜仁爲郞中令 仁爲人陰

重不泄 常衣敝補衣溺袴^② 期爲不絜清^③ 以是得幸 景帝入臥內 於後宮
祕戲^④ 仁常在旁 至景帝崩 仁尙爲郞中令 終無所言

① 任城임성

정의 임성任城은 연주의 현이다.

任城 兗州縣也

② 陰重不泄 常衣敝補衣溺袴음중불설 상의폐보의요고

집해 복건이 말했다. "근본이 신중해서 남의 음모陰謀를 발설하지 않
았다." 장안이 말했다. "음중불설陰重不泄은 아래가 습한 것이다. 그러므
로 바지가 오줌에 젖은 것이다. 이 때문에 환관에 견주어서 후궁後宮에
출입했다. 주인周仁은 자손이 있는데 먼저 이 병을 얻지 않았을 때 낳았
다." 위소가 말했다. "음중陰重은 지금의 대하병帶下病과 같으니 오줌이
새는 병이다."

服虔曰 質重不泄人之陰謀也 張晏曰 陰重不泄 下溼 故溺袴 是以得比宦者 出
入後宮 仁有子孫 先未得此病時所生 韋昭曰 陰重 如今帶下病泄利

색은 살펴보니 그 해석이 둘인데 각각의 이치가 있었다. 복건이 말했다.
"주인周仁의 근본이 신중해서 남의 음모를 발설하지 않았다." 안사고는 말
했다. "음陰은 밀密이며 성품이 꼼꼼하고 신중해서 남의 말을 누설하지
않았다는 것이다. 곽거병霍去病은 말이 적고 누설하지 않는데 또한 그 유
형이다." 그 사람이 또 항상 옷은 해졌고 해진 옷을 기워 입고 오줌에 젖
어 있었다. 그러므로 깨끗하지 못한 의복이 되었다. 이 때문에 총애를 얻
어 침실에도 들어갈 수 있었다. 또 장안이 말했다. "음중불설陰重不泄은

음경의 아래가 습한 것이다. 그러므로 바지가 오줌에 젖은 것이다. 이 때문에 환관에 비교될 수 있어 후궁에도 출입했다. 주인은 자손이 있는데 먼저 이 병을 얻지 않았을 때 낳은 아들이다." 두 가지 중에 누가 그의 진실을 얻은 것인지 알지 못하겠다.

案 其解二 各有理 服虔云 周仁性質重 不泄人之陰謀也 小顔云 陰 密也 爲性密重 不泄人言也 霍去病少言不泄 亦其類也 其人又常衣弊補衣及溺袴 故爲不絜淸之服 是以得幸入臥內也 又張晏云 陰重不泄 陰下溼 故溺袴 是以得比宦者出入後宮也 仁有子孫者 先未得此疾病所生也 二者未知誰得其實也

③ 期爲不絜淸기위불결청

[색은] 심중에 항상 일부러 불결한 의복을 입었다고 한 것은 곧 '기期'는 이는 '고故'(고의로)의 뜻이다. 안사고 의견도 같다.

謂心中常期不絜之服 則期是故之意也 小顔亦同

[정의] 청淸은 청정淸淨이다. 기期는 상常(늘)과 같다. 청결하지 않은 것이 된다는 말이다. 하습下濕하였으므로 침실이나 후궁에 들어갈 수 있었으니 환관에 비교된 것이다.

淸 淸淨 期猶常也 言爲不絜淨 下溼 故得入臥內後宮 比宦者

신주 위에 [색은] 주석에서 '기期'를 '고故'와 같다고 했으나 기期와 고故는 전혀 뜻이 통하지 않는다. [정의] 주석에서 기期는 '상常'과 같다고 말한 것이 모두 때를 의미하는 글자임을 감안한다면, [정의] 주석이 더 설득력이 있다.

④ 祕戲비희

[색은] 후궁 안에서의 희극戲劇은 마땅히 비밀스러운 것이었음을 이르는

것이다.

謂後宮中戲劇所宜祕也

주상이 때때로 남들의 인물됨을 물었는데,^① 주인이 말하기를 "주
상께서 스스로 살펴보십시오."라고 하면서 또한 (남을) 험담하는
바도 없었다. 이 때문에 경제는 두 번이나 직접 주인의 집으로 행
차했다. 집을 양릉陽陵으로 이사했다. 주상께서 많은 것들을 하
사했으나 항상 사양하며 감히 받지 않았다. 제후의 여러 신하도
뇌물을 보냈으나 끝까지 받지 않았다.

무제가 즉위하자 선제先帝의 총애하는 신하로 여겨서 그를 존중
했다. 주인이 병으로 관직을 사직하자 2,000석의 녹봉으로 귀향
해 노년을 지내게 했다. 자손들이 모두 큰 관직에 이르렀다.

上時問人^① 仁曰 上自察之 然亦無所毀 以此景帝再自幸其家 家徙陽陵
上所賜甚多 然常讓 不敢受也 諸侯群臣賂遺 終無所受 武帝立 以爲先
帝臣 重之 仁乃病免 以二千石祿歸老 子孫咸至大官矣

---

① 上時問人상시문인

정의 안사고가 말했다. "다른 사람의 선악을 물은 것이다."

顔師古云 問以他人之善惡也

어사대부 장숙張叔은 이름이 구歐[1]이고 안구후安丘侯 장열張說[2]의 서자庶子이다. 효문제 때 형명학刑名學[3]을 익혀서 태자太子를 섬겼다. 그러나 장구張歐가 비록 형명학[4]을 익혔으나 그의 사람됨은 장자長者였다. 경제 때에는 존중되어서 떳떳하게 구경九卿이 되었다.

무제 원삭 4년에 이르러 한안국韓安國이 (어사대부에서) 면직되자 조서를 내려 장구를 제수해 어사대부로 삼았다.

御史大夫張叔者 名歐[1] 安丘侯說[2]之庶子也 孝文時以治刑名[3]言 事太子 然歐雖治刑名家[4] 其人長者 景帝時尊重 常爲九卿 至武帝元朔四年 韓安國免 詔拜歐爲御史大夫

① 名歐명구

집해 《사기음은》에서 말한다. "歐의 발음은 '우[於友反]'이다."

史記音隱曰 歐 於友反

색은 歐의 발음은 '우[烏後反]'이다. 《한서》에는 '구歐'로 되어 있다. 맹강은 歐의 발음을 '구驅'라고 했다.

歐音烏後反 漢書作歐 孟康音驅也

② 說열

집해 서광이 말했다. "장열張說은 방여현에서 일어나 고조를 따라 한나라로 들어갔다."

徐廣曰 張說起於方與縣 從高祖以入漢也

색은 說의 발음은 '열悅'이다.

說音悅

③ 刑名형명

[집해] 위소가 말했다. "형명의 글은 이름과 실질을 서로 돕게 하려고 하는 것이다."

韋昭曰 有刑名之書 欲令名實相副也

[색은] 살펴보니 유향의 《별록》에서 말한다. "신불해의 학문을 '형명가 刑名家'라고 불렀으니 실질에 따라 이름을 질서있게 하는 것이다. 형명가는 군주를 높이고 신하를 낮추어 위를 숭상하고 아래를 억눌러 육경에 부합하게 했다."《설자說者》에서 말한다. "형명가는 곧 태사공이 설명한 여섯 학파 중 두 번째이다."

案 劉向別錄云 申子學號曰刑名家者 循名以責實 其尊君卑臣 崇上抑下 合於六經也 說者云刑名家卽太史公所說六家之二也

[신주] 설자說者는 제자백가의 잡다한 기록이다.

④ 刑名家형명가

[정의] 형은 형가이고 명은 명가이다. 〈태사공자서〉에 그 내용이 있으니, 형법으로 다스리는 것과 이름을 실질에 맞게 하는 것을 말한다.

刑 刑家也 名 名家也 在太史公自(有)傳 言治刑法及名實也

> 장구는 관리가 되어서는 일찍이 남을 조사해야 한다는 말을 하지 않았고, 오로지 진실한 장자長者로서 관직에 처신했다. 소속된 관리들도

모두가 그를 장자長者로 여겨서 또한 감히 크게 속이지 못했다. 옥사獄事를 갖추어 올리면 검토해보고 기각시킬 것은 기각시키고, 기각시키기가 불가한 것들은 부득이하게 눈물을 흘리고 얼굴을 마주하여 서류를 봉했다. 그가 사람을 사랑하는 것이 이와 같았다. 늙어서 병이 위독해지자 면직을 청했다. 이에 천자가 또한 책策을 내려서 물러나게 하고 상대부의 녹봉을 지닌 채 직책을 마치고 집으로 돌아가게 했다. 양릉陽陵에서 살았다. 자손들은 모두가 대관大官에 올랐다.

自歐爲吏 未嘗言案人 專以誠長者處官 官屬以爲長者 亦不敢大欺 上具獄事 有可卻 卻之不可者 不得已 爲涕泣面對而封之 其愛人如此 老病篤 請免 於是天子亦策罷 以上大夫祿歸老于家 家於陽陵 子孫咸至大官矣

태사공은 말한다.

중니께서 말씀하시기를 '군자는 말에는 어눌하지만[1] 행동에는 민첩하려고 한다.'라고 했다. 그것은 만석군萬石君과 건릉후建陵侯 위관과 어사대부 장숙張叔을 이르는 것이리라. 이 때문에 그의 가르침이 엄숙하지 않아도 이루어졌고 엄격하지 않아도 다스려졌다. 새후塞侯 직불의는 공로가 적었고[2] 주문周文은 지나치게 공손했다고[3] 군자들이 비난했는데, 그들이 아첨함에 가깝다고 여겼기 때문일 것이다. 그러나 이들은 가히 독실하게 행동한 군자라고 이를 만하다.

太史公曰 仲尼有言曰 君子欲訥於言[1]而敏於行 其萬石建陵張叔之謂
邪 是以其教不肅而成 不嚴而治 塞侯微巧[2] 而周文處讇[3] 君子譏之 爲
其近於佞也 然斯可謂篤行君子矣

① 君子欲訥於言군자욕눌어언

집해 서광이 말했다. "눌訥 자는 다수의 판본에서 '굴詘' 자로 되어 있
는데, 발음이 동일할 뿐이다. 옛 글자의 가차이다."

徐廣曰 訥字多作詘 音同耳 古字假借

신주 《논어》〈이인里仁〉에 있는 문장이다.

② 微巧미교

색은 공미功微이다. 살펴보니 직불의는 오吳와 초楚가 반역했을 때
2,000석의 장수가 되었다. 경제가 봉했으나 공로가 적었다.

功微 案 直不疑以吳楚反時爲二千石將 景帝封之 功微也

정의 직불의는 노자의 학문을 배워 관직에 임한 바 사람들이 그의 관
리로서의 행적을 알까 걱정하였고, 명성을 세워 칭송받는 것을 좋아하지
않았는데도 사람들이 그를 장자長者가 된다고 칭송했으니 이것이 미묘하
고 공교롭다.

不疑學老子 所臨官 恐人知其爲吏跡 不好立名稱 稱爲長者 是微巧也

③ 處讇처첨

색은 주문처첨周文處讇은 낭중령이 되어서 신중하고 묵직한 것으로
총애를 얻어 침실 안을 출입하게 된 것을 이른다.

周文處讇者 謂爲郞中令 陰重 得幸出入臥內也

정의　주상이 때때로 남들의 인물됨을 물으면, 주인이 이르기를 "주상께서 스스로 살피십시오."라고 했다. 주상이 하사하는 바는 항상 받지 않았다. 또 제후나 여러 신하가 뇌물을 보내면 끝까지 받지 않았다. 이것이 처첨處讇이 되는 것이다. 그러므로 군자들이 이 두 사람을 비난하는 것은 아첨에 가깝다고 여겼기 때문이라고 했다.

上時問人 仁曰 上自察之 上所賜 常不受 又諸侯群臣賂遺 終無所受 此爲處讇 故君子譏此二人 爲其近於佞也

색은술찬　사마정이 펼쳐서 밝히다.

만석군은 효도하고 조심해서 스스로 집안에서도 나라 체제를 드러내 보였다. 낭중일 때 말을 세어 대답했고 내사일 때 동네의 어구에서 기다시피 들어왔다. 위관은 다른 마음이 없었고 색후는 몰래 덕을 베풀었으며, 형명가 장구는 눈물을 흘리며 옥사를 구휼했다. 행동은 민첩하고 말은 어눌하니 모두 꽃다운 자취를 이었구나!

萬石孝謹 自家形國 郞中數馬 內史匍匐 綰無他腸 塞有陰德 刑名張歐 垂涕恤獄 敏行訥言 俱嗣芳躅

지명

《신주 사마천 사기》〈열전〉을 만든 사람들

한가람역사문화연구소 사기연구실

이덕일(한가람역사문화연구소 소장, 문학박사)
김명옥(문학박사)
송기섭(문학박사)
이시율(고대사 및 역사고전 연구가)
정　암(지리학박사)
최원태(고대사 연구가)

한가람역사문화연구소는 1998년 창립된 이래 한국 사학계에 만연한 중화사대주의 사관과 일제식민 사관을 극복하고 한국의 주체적인 역사관을 세우려 노력하고 있는 학술연구소이다. 독립운동가들의 역사관 계승 작업을 꾸준히 진행하는 한편 《사기》 본문 및 '삼가주석'에 한국 고대사의 진실을 말해주는 수많은 기술이 있음을 알고 연구에 몰두했다. 지난 10여 년간 '《사기》 원전 및 삼가주석 강독(강사 이덕일)'을 진행하는 한편 사기연구실 소속 학자들과 《사기》에 담긴 한중고대사의 진실을 찾기 위한 연구 및 답사도 계속했다. 《신주 사마천 사기》는 원전 강독을 기초로 여러 연구자들이 그간 토론하고 연구한 결과의 집대성이라고 할 수 있다. 한가람역사문화연구소는 《신주 사마천 사기》 출간을 시작으로 역사를 바로세우기 위해 토대가 되는 문헌사료의 번역 및 주석 추가 작업을 꾸준히 이어갈 계획이다.

한문 번역 교정

유정님 박상희 김효동 곽성용 김영주 양훈식 박종민

《사기》를 지은 사람들

본문_ 사마천

사마천은 자가 자장子長으로 하양(지금 섬서성 한성시) 출신이다. 한 무제 때 태사공을 역임하다가 이릉 사건에 연루되어 궁형을 당했다. 기전체 사서이자 중국 25사의 첫머리인 《사기》를 집필해 역사서 저술의 신기원을 이룩했다. 후세 사람들이 태사공 또는 사천이라고 높여 불렀다. 《사기》는 한족의 시각으로 바라본 최초의 중국 민족사라고 할 수 있는데 여기서 사마천은 동이족의 역사를 삭제하거나 한족의 역사로 바꾸기도 했다.

삼가주석_ 배인·사마정·장수절

《집해》 편찬자 배인은 자가 용구龍駒이며 남북조시대 남조 송(420~479)의 하동 문희(현 산서성 문희현) 출신이다. 진수의 《삼국지》에 주석을 단 배송지의 아들로 《사기집해》 80권을 편찬했다.

《색은》 편찬자 사마정은 자가 자정子正으로 당나라 하내(지금 하남성 심양) 출신인데 굉문관 학사를 역임했다. 사마천이 삼황을 삭제한 것을 문제로 여겨서 〈삼황본기〉를 추가했으며 위소, 두예, 초주 등 여러 주석자의 주석을 폭넓게 모으고 자신의 견해를 덧붙여 《사기색은》 30권을 편찬했다.

《정의》 편찬자 장수절은 당나라의 저명한 학자로, 개원 24년(736) 《사기정의》 서문에 "30여 년 동안 학문을 섭렵했다"고 썼을 정도로 《사기》 연구에 몰두했다. 그가 편찬한 《사기정의》에는 특히 당나라 위왕 이태 등이 편찬한 《괄지지》를 폭넓게 인용한 것을 비롯해서 역사지리에 관한 내용이 풍부하다.